ちくま文庫

中華料理の文化史

張競

筑摩書房

中華料理の文化史【目次】

中華料理の文化史

【序章】変わる中華料理

上海のファーストフード店

中華料理とは何か

中華料理と言えば、「四千年の歴史」がまくらことばのようについている。はたして四千年まえの中国人は現在の「中華料理」を食べていたのか。テレビの料理番組、雑誌の記事や料理書ですっかり耳慣れたこのせりふを聞くたびに疑問に思わずにはいられない。

中国の古典を読んでも、古代中国人が酢豚、エビチリソース、青椒肉絲《チンジャウロース》などを食べていたとは、もちろんどこにも書いてない。『左伝』や『史記』などにも、食卓にギョウザやラーメンが出てくる記述は見あたらない。それどころか、今日の中華料理の定番はまったく現れない。宋代以降になって、ようやく現代でも食べる料理が少しずつ出てくるようになる。しかし、今日のような中華料理が普及し、一般庶民も口にするようになるのはそれよりずっと後のことであった。

もちろん、中国の食文化は歴史が長い。しかし、文化はつねにダイナミックに変化している。料理も例外ではない。多くの民族が共生し、違う文化がはげしく交差・衝突する中国では、移り変わりはさらに大きい。中国大陸では王朝の交替が頻繁で、それぞれの時代にはそれぞれ違う民族が支配していた。そうした変動が起きるたびに、辺境民族と漢民族とのあいだに文化の拡散と吸収がくりかえされた。そのなかで人々の生活様式は変わるのだから、料理も当然ずっと同じであるはずはない。

そもそも「中華料理」とはなにか。中国人はふだん「四川料理」（中国語では「川菜」）とか、「広東料理」（「粤菜」）とか、「山東料理」（「魯菜」）などのような言い方をするが、日常生活のなかで「中華料理」とは言わない。西洋料理や日本料理との対比のなかで「中国菜」ということばを使う場合でも、居住地域によってイメージされている料理は大きく異なる。専門家でないかぎり、それぞれの地域の住民は地元の料理のことしかわからない。

現在、日本で一般にイメージされている中華料理はおおむね上、中、下に分けられる。「上」はいわゆる高級中華料理で、フカヒレの姿煮、ツバメの巣、子豚の丸焼き、北京ダック、乾しアワビの野菜煮などがまず思い起こされる。「中」は一品料理が注文できる店で食べられる料理である。代表的なのはエビチリソース、ピーマンと牛肉の炒めもの、くらげの和え物、ピータン（皮蛋）などである。「下」は町のいたるところにある大衆中華食堂のメニューに出るもの。マーボー豆腐、ニラレバー炒めのような料理から、ラーメン、ギョウザ、シュウマイ、ワンタン、春巻などの点心（菓子類）にいたるものを指している。

歴史の浅い現代料理

ところで、右にあげた料理にははたして何年の歴史があるのだろうか。ラーメン、春巻などは定義の問題があるので、後でまた詳しく触れるが、料理法に関して言えばいずれも四百年を超えない。たとえば、フカヒレは明末清初に刊行された『正字通』に「きわめて美味しい」という言葉が出てくるが、詳しい調理法は清代の朱彝尊《しゆいそん》（一六二九〜一七〇九年）の『食憲鴻秘』にようやく現れる。その後、乾隆《けんりゆう》三十年（一七六五年）の『本草綱目拾遺』や袁枚《えんばい》（一七一六〜一七九八年）『随園食単』にもたびたび取り上げられるが、そのなかには間違ったフカヒレの料理法をあざ笑う箇所がある。フカヒレが当時広く知られた食べ物でなかったことが推測できる。事実、元代の料理書にはツバメの巣とナマコが出てくるが、フカヒレはまったく見あたらない。南方ではもう少しさかのぼれるかもしれないが、全国に広まったのは清代以降と見てほぼまちがいない。

北京ダックの起源についても、複数の説があるが、明代に南京から北京に伝わり、いまの北京ダックの原型となったという説がもっとも有力である。じっさい、現在のような北京ダックの歴史は百年あまりしかない（張勁松ほか、一九八八）。

日本では中華料理の代表のひとつに四川料理がある。辛さがセールスポイントだが、唐辛子が中国に伝わったのは明末の十七世紀であった。食用として唐辛子が栽培されるようになったのはさらに遅く、十八世紀のはじめと推定されている（周達生、一九八九）。つまり、激辛の四川料理はどれも四百年を超えない。それ以前の四川料理には山椒は使われていたが、唐辛子は用いられなかった。桃屋の瓶詰めですっかりお馴染みのザーサイ（搾菜）も蜀《しょく》、すなわちいまの四川を根拠地にした劉備や諸葛亮はもちろん、四川出身の美食家である蘇東坡もけっして口にしたことはない。マーボー豆腐は近代の陳というおばあさんが発明した、と伝えられている。その説にしたがえば、歴史はせいぜい百年ぐらいしかない。

ピータン（皮蛋）についての記述もいまから三百年余りまえ、明末の人である戴義《たいぎ》が書いた『養余月令』に最初に現れるので、それほど悠久ではなさそうだ。

「火腿」（中国式のハム）は不可欠のスープの素である。多くのだしはこの材料からつくられ、隠し味になっている。ところが、「火腿」も宋代にしかさかのぼれない。楊貴妃はハムのスープをきっと飲んだことはないだろう。

歴史がやや古い食材でも、もともと中国になかったものが少なくない。ゴマ油は中華料理に欠かせないものだが、原料のゴマは漢代の張騫《ちょうけん》が西域から持ってきたと伝えられている。最近、雲南、貴州あたりに原産のゴマがあったという研究があるが（李璠、一九八三）、漢代の東西交通を考えれば、中国の南方よりもむしろ西域から伝来してきた可能性が高い。張騫などの使節によって、キュウリ、ニンニク、コエンドロ（香菜）、エンドウなども中国に持ち帰られ、いずれも中華料理に欠かせない食材、薬味になった。また、前菜の飾り付けに用いられる人参は宋代か元代に西域から伝来したものであり、ほうれん草は紀元七世紀の半ばころにネパールから持ち込まれた。チリソースの原材料であるトマトとなると、食用の歴史はさらに浅い。

主食の移り変わり

長い歴史のなかで中華料理ほど大きく変化した例はない。むかし食べていた料理が姿を消しては、かわりに新しい料理が登場してくる。古い文献のなかに名前だけが残され、食材も調理法も伝わらない料理も少なくない。

料理だけではない。主食の移り変わりも大きい。つい十数年まえまで中国北方の一部の地域では、トウモロコシの粉が主食であった。トウモロコシの伝来についてはさまざまな説があるが、いずれにしても栽培の歴史が四百年前後ということには異論はない（周達生、一九八九）。当初おもに観賞用植物などにされていたが、明代の半ば頃に食糧として注目されるようになった。きっかけは自然災害である。当時、凶作が続き、農業は大きな打撃を受けた。そんなとき、気候への適応性がつよく、土の質が悪くても栽培できるこの作物に白羽の矢が立った。

それをきっかけに、管理が簡単で生産性の高いトウモロコシが広く栽培され、明末になると南北の多くの地域で主要な作物のひとつとなった。さらに、清代になると東北の地にまで広まり、ついに生産量において一躍全国第三位の作物となった。近代中国の北方でトウモロコシが主食のひとつになったのはそのためである（関宗殿ほか、一九九一）。ちなみに日本では一五七九年にポルトガル人によってトウモロコシが長崎にもたらされたが、明治になってからはじめて北海道で作物として栽培されるようになった。

一九八〇年代以降になると、状況はまた大きく変化した。経済開放の影響によって、トウモロコシを主食としてきた地域のほとんどが小麦に切り替え、トウモロコシは主食から飼料に転落した、と報道されている。

それに比べて、小麦を食べる歴史は長い。とりわけ粉食の加工技術が確立してからは、中国の北方地域で主食の座を占め、長いあいだその地位は脅かされなかった。しかし、ここ数年来の急速な経済成長のため、小麦粉の王座も揺らぎはじめた。現在、北方の都市部では米が小麦粉に取って代わりつつあり、主食に使われる米の割合が年々増えていると言われている。

中国の食文化の歴史のなかで大きな変わり目がいくつもあった。その間、食べ物や食習慣は著しく変貌し、食材から調理の仕方にいたるまで急激に変わった。変化の原因はそれぞれの時代によって違う。大きく分けると、生産力の向上、西域との交通、異民族の支配、あるいは新しい調味料の発明などがあげられる。料理は文化の顔であるにもかかわらず、過激な文化ナショナリストも外来の食べ物を拒まない。伝統料理しか食べず、異なる文化の食物を絶対に口にしない者はいない。まずいものが淘汰され、おいしいものだけが残る。食材も、調味料も、料理法も、出自はどうであれ、料理をおいしくすることができれば、たえず採り入れられてきている。この意味では中華料理は多くの異民族の料理文化を採り入れた、いわば雑種の食文化である。現在、地球上のどこの国にも必ず中華料理屋があると言われている。世界のほとんどの国で受け入れられ、誰が食べてもそれほど違和感を感じさせないのは、やはりその雑種性のゆえであろう。

変化のなかにある中華料理

一九九四年八月、調査のため九年半ぶりにふるさと上海に帰った。一行にはほかに数人の日本人がいた。水先案内人として、取材だけでなく交通機関の利用から、ふるさとの味の紹介まで多少は役に立てるだろうと思っていた。ところが、飛行機から降り立った瞬間、自分がもはや浦島太郎になっていたことに気づいた。空港ロビーではへんてこなモーター・ショーが催されており、空港ビルの出口にはホテルの客引きたちがひしめいていた。タクシーのなかでいきなり「先生《シエンション》」と呼ばれたとき、ショックを覚えながらも、急に意気揚々とした。「同志《トンジー》」と呼び合った時代のことを思うと、感慨深いものがあった。

もっと驚いたのは翌日の食事であった。レストランに入り、現地人の顔でメニューを開けてみて愕然とした。メニューが読めない。「東江塩焗鶏」「西檸煎軟鶏」「菜胆四珍煲」「白灼基囲蝦」——どれもなんの料理なのかさっぱり見当がつかない。頭がくらくらした。上海に行く直前に、アメリカのチャイナタウンでまちがってベトナム料理店に入り、漢字で書かれたメニューが読めないという体験をした。まさか自分の住み慣れたふるさとでも同じ目に遭うとは思わなかった。わたしが知っている中華料理はもはやどこにもない。

私事にわたって恐縮だが、じつはわたしはおいしいものを食べるだけでなく、作るのも好きだ。日本に来るまえには毎晩料理を作っていた。いまでも、たまには台所に立つ。蒸しスッポン、カエル炒め、ちまきなど、妻ができない料理は、いまでもわたしが作っている。だから、料理のことなら、多少自信を持っていた。中華料理の名前は目をつぶっても二、三十品までは名をあげることができるし、少なくとも知らない料理はほとんどないと自負していた。

日本ではエビチリソース、ピーマンと牛肉の炒め、酢豚、ニラレバー炒めなどが中華料理の定番であるのと同じように、中国でも「中国菜」と言えば、だいたいのイメージが頭に浮かぶ。卵白エビ炒め、牛肉のオイスターソース炒め、田ウナギ炒め、ピーマンと豚肉の炒め、魚肉の炒めといった料理は基本中の基本である。

家庭で食べていた中華料理はおおよそ四種類に分けられる。「冷盆」「熱炒」「大菜」「湯」である。「冷盆」は前菜のことで、クラゲの和え物（涼拌海蜇）、ゆで若鶏のぶつ切り（白切子鶏）、家鴨《あひる》のオーブン焼き（掛炉烤鴨）、揚げ魚の五香汁づけ（五香燻魚）などがよく見られた。「熱炒」は炒め料理。代表的なのはエビ炒め、牛肉や豚肉の炒めと魚肉の炒めだが、切り方と炒め方によって、さらに十数種類に細分できる。三つ目は「大菜」で、丸ごと調理した料理である。スープ入りの鶏姿煮、家鴨の姿煮、四、五十センチほどもある魚の醬油煮、骨付きもも肉の醬油煮などである。最後はスープ（湯）。鶏スープか豚肉スープに魚肉の団子、肉団子、白菜、ほうれん草、春雨などを入れたものが代表的である。炒め料理のあいだにさまざまな点心（菓子類）がはさまれることも多い。お正月などの祝祭日や、大事な客が来るときには四種類そろったフルコースが出るが、ふだんは炒め料理や、「大菜」のなかのひとつでも食卓に出れば、子供たちは狂喜したものである。

料理屋に行くと、種類も多くなる。ただ、料理の基本パターンと調理法は共通している。社会主義中国の時代には、フカヒレもツバメの巣も熊の手も、親から伝説を聞かされていただけであった。ナマコとたけのこ、しいたけの炒めものが最高の珍味で、それ以上高級な料理は食べるどころか、見たこともなかった。事実、わたしは日本に来るまで一度もフカヒレを口にしたことはない。庶民の行くようなところでは、レストランといえども、家庭で味わえない高級料理が出るわけではない。一般家庭が正月などで食べていた料理とそれほどは変わらない。ちがうのは風味がやや上という点だけである。

そういったものが、だいたい一九五〇年代以前に生まれた中国人が思い浮かべる中華料理である。広東でも例外ではない。文化大革命のまえに出版された広東料理の本を読むと、蛇や猫など、食材の違いはあるものの、ほかの地域とそれほど大きな違いはなかった。

このような「中華料理」はいつ頃成立したのだろうか。歴代の料理書のなかでは『調鼎集』に列挙された料理が、今世紀の中華料理にもっとも近い。「冷盤」(前菜)、「熱炒」(炒めもの)、「点心」(菓子類)などの用語も近代以降と一致している。ただ、『調鼎集』の成立年代ははっきりしておらず、乾隆年間から清末のメニューを網羅したものとされている。同じく乾隆年間に著された袁枚『随園食単』は『調鼎集』ほど詳しくないが、調理法が近代の料理にきわめて近い点では同じである。明代は料理書があまり多くない。また『居家必用事類全集』を見る限りでは、元代の中華料理と近代ではっきりした違いが認められる。この書の料理は現在あまり食べられることはなく、近代料理の主要な調理法である「炒め」も一カ所しか出てこない。そうだとすれば、近代の中華料理は明代以降に成立したと考えられる。ただ、その後も変化がなかったわけではない。とりわけ、醬油の大量生産が可能になってから、調味料の主役がみそから醬油に取って代わられたのが注目すべき変化である。

香港食文化の北進

一九七八年に経済開放政策が実施されたが、一九九〇年代に入ると、香港料理が大挙して大陸に入った。そのときから中国人の食生活は一変した。それまでの料理の定番がレストランのメニューから消え、新しい料理が次々と現れてきた。同じ食材を用い、従来の調味料を使って作った料理でも、むかしと違った味や外観がはやるようになった。たとえば「白雲猪手」の「猪手」はただの豚足である。従来、この種の料理には醤油が不可欠だったが、この新しい料理では塩、砂糖、酢が使われている。むろんこの料理名もひと昔まえには広東以外の地域にはなかった。

もっと興味深いのは料理法の変化である。かつて料理とは、「炒」（炒める）、「爆」（ゆでるか、蒸すかの加工を経て、水を切ってから多めの油で炒めるか、あるいは短時間で炒める）、「炸」（揚げる）、「煎」（材料の三分の一ほどが油に浸かるような状態にして、じっくり焦げ色をつける）、「煮」（煮込む）、「蒸」（蒸す）などであった。なかでも炒めものがおもな調理法であった。ところが、いまは炒め料理が激減し、そのかわり、つい最近まで見たこともない漢字で表示された新しい料理法が目立ってきた。「煲」「焗」「灼」「炆」「炰」。ほとんどが新語である。なかには新しく作られた漢字さえある。むろん語源は広東語。料理法だけでなく、食材や調味料にも広東方言が頻出している。「豆挺」はもやしの茎、「甘笋」は人参、「紹菜」は白菜。「帯子」が新鮮な貝で、「西冷」は牛ヒレ肉。調味料では「生抽」がうす口醤油、「老抽」がこい口醤油であるのはわかるとしても、「古月粉」が胡椒であるのを知るまでは一苦労する。これではわたしのような者がメニューを読めるはずはない。

一口に広東料理と言っても、「伝統」的なものと、新しく登場してきた料理がある。

新しい料理とは、社会主義中国が成立し、大陸と文化が隔絶状態にあった香港で出現した料理である。香港文化と欧米文化とのあいだには盛んな往来があり、また、華僑のビジネス・ネットワークによって東南アジアともさまざまな人的、物的交流があった。そのなかで香港料理はたえず新しい要素を採り入れた。もっとも目立つのは西洋料理の食材やソース、東南アジアの魚醤などの使用である。

料理の命名法も大陸と違ってきた。香港では縁起をかついで料理にさまざまな吉祥の名前をつけた。「蓮華仙境」(豆腐製品をおもな食材とする精進料理)、「四季如意」(四種類のキクラゲの炒め)では何の料理なのか、さっぱりわからない。「興子旺孫暖鍋」(子孫繁栄寄せ鍋の意味)などとなると、ほとんど冗談としか思えない。経済の開放にともなって、そうした香港料理は新しい広東料理として広東に入り、またたく間に大陸の各地を席巻した。

正餐だけでなく、これまで軽視されてきた朝食も香港料理に同化されつつある。むかしの朝の外食は相場が決まっており、だいたいラーメン、饅頭、焼餅(焼きパン)、豆乳、油条(揚げパン)、およびさまざまな糕(白玉粉か粳の粉で作った各種の点心)などである。ところが、いまは香港から直輸入の「飲茶」がたいへんはやっている。食べ方も香港とそっくり。店に入ると、ウェートレスがまずお茶の種類を聞く。お茶が出てから、さまざまな点心と小皿の料理、つまみを載せたワゴン車が近づいてきて、客に自由に選ばせる。経済開放のまえは、広東地方でもほとんど見られなかった食習慣である。しかし、企業の進出や製品の流入によって、朝食の食卓はあっという間に香港の飲茶に占領された。

その影響で、大陸の言葉にも変化が起きた。これも一九九四年に上海に行ったときのことである。ある日、ホテル近くのレストランに入り、「朝食」を意味する「早点」と言って注文したら、ウェートレスが一瞬戸惑う表情を見せた。間をおいてから、「早茶」のことですか、と軽蔑の口調で聞き返した。

この種の朝食がいったいどこまで浸透したのかを確かめるために、低所得者の多い下町を見に行った。そこにもなんと飲茶式の朝食がちゃんとあった。むろん、一般庶民がみな利用しているわけではない。しかし、下町でも商売が成り立つのだから、香港文化圏の朝食習慣が上海にかなり広く深く浸透したことはまちがいない。同じ現象は上海だけでなく、ほかの都市にも見られる。

この変化はつい数年前に起きたもので、わずか二、三年のうちに中国人の食習慣を大きく変えた。とりわけ、メディアが発達している大都市では人々はテレビや新聞雑誌、書籍などを通して広東料理を知り、生活のなかに採り入れている。書店に広東料理の作り方を紹介する本は多く、いずれもかなりの発行部数である。もともと香港で刊行された『広東の小料理』（『広東小炒』）という本は、一九九一年に大陸で出版されてから六回も増刷され、発行部数は十三万五千八百部にも達している。

上海でレストランを経営している友人によると、広東料理に続いて、潮州料理がブームになったという。広東省にある潮州の料理は基本的には広東料理とルーツが同じと考えてよい。最近、四川料理が頭角を現しているとも伝えられている。いずれにしても香港や台湾がブームの発祥地になっている点を忘れてはならない。大陸で大金を使って贅沢三昧をする香港や台湾のエリートビジネスマンたちの味覚が、大陸のグルメブームをリードしている現象はきわめて興味深い。

吸収されたファーストフード

一九九〇年代以降、欧米や日本から入ってきたファーストフードも中国の食文化および中国人の味覚を大きく変えた。マクドナルドの一号店は、予想に反して、売り上げはうなぎ上りに上昇し、短い期間内に市民生活に定着した。事業は確実に拡大し、中国のおもな大都市にあいついでチェーン店がオープンした。どの店にも客があふれ、世界でもっとも売り上げの多いチェーン店は中国にあるとまで言われている。若い世代のマクドナルドに対する偏愛は驚くものがある。

ケンタッキーフライドチキンの出店は象徴的なできごとである。鶏は従来中国人のもっとも好きな食べ物で、かつ高級な食べ物といったイメージが定着している。鶏のスープは滋養食として多くの人々に好まれ、毛沢東も長いあいだこの栄養のある美味を偏愛していた。大規模な養鶏場ができてから、事情はやや変わったが、中国人の鶏好きに変わりはない。

ケンタッキーフライドチキンが上海一の繁華街で最初のチェーン店を出すとき、地元の外食業は大いにライバル意識を刺激された。中国の鶏料理がアメリカなんかに負けてはたまらない。そう思って彼らはなんとケンタッキーの真向かいに中華料理の鶏レストランを開店した。「ケンタッキー」というブランド名に対し、「栄華鶏」と意味ありげな名前を付けた。

ところが、中米チキン文化戦争は意外な結末で終了した。ふたをあけてみると、二つの店は共倒れしなかったばかりか、双方とも順調に売り上げを伸ばした。「ケンタッキー」は「栄華鶏」のおかげで有名になり、「栄華鶏」も「ケンタッキー」のためにその名が広く知れわたった。めでたし、めでたし、のなかで、ファーストフードという新しい食のスタイルが定着したことには誰も気づかなかった。しかも、欧米や日本と違い、ケンタッキーは中国では「安っぽい」イメージがない。出店してから数年の間、親戚や友人にご馳走するときにも、中国人はケンタッキーを利用していた。おそらく二十年も経たないうちに、若い世代はケンタッキーフライドチキンやマクドナルドを外来の食品とは思わなくなるであろう。

ある日本人の友人が興味深いことを話してくれた。彼はある日、数人の中国の若者を家に招いた。中国のおやつのほか、ポテトチップス、ポップコーンなどのスナックも数種類用意した。ところが、驚いたことに若者たちはもっぱら日本のスナックに手を伸ばした。「中国のスナックの方がおいしいのに」と彼は首を傾げたが、若者にとっては外来の食物の方が口に合うし、おいしく感じる。現代中国における食生活の変化の大きさと速さを考えると、これも別に驚くことではない。

このような激変はもしかすると、中華料理の特徴を示しているのかもしれない。過去の長い歴史のなかで、異なる民族の食文化を吸収して形成してきた中華料理は多様性に富んでいる。油っこいのが中華料理の特徴のように思われているが、あっさりした料理がないわけではない。この意味では中華料理にはほとんど「型」がない。中国の食文化のもっとも大きな特徴はそこにある。天変地異、王朝交代、民族文化の衝突と融合、はげしく変わる歴史のなかで、食物も料理法も食事のマナーもつねにダイナミックに変化した。ただ、変化が緩やかに起きていたため、人々はあまり感じなかっただけである。

【第一章】孔子の食卓——春秋戦国時代

西周中期の鬲

1　二千五百年まえの主食

キビはごちそう

古代中国人はなにを食べていたのか。文字のなかった時代はともかくとして、孔子が生きていた頃はどうだったのか。農耕技術が進歩し、学問も盛んな春秋時代（前七七〇～前四〇三年）は、中国文明の原型が形成された重要な歴史時期であった。漢民族文明の根幹はそのころに形作られ、文化のエッセンスは後の時代にも継承されている。事実、後世の王権獲得者は周王朝を正統とし、儒学者たちも春秋の政治を手本としてきた。いまから二千五百余年まえに生まれた孔子は、その時代の代表的な士大夫。彼の食事から中原地域の食文化についておおよその様子を推測することができる。

『論語』「雍也《ようや》第六」によると、孔子が魯の国の司法大臣をしていたとき、所有地の管理を担当していた弟子である原思《げんし》に九百斗の穀物を与えたが、私欲のない原思は受け取らず、丁寧に辞退した。

このエピソードでは穀物が生活費として支給されている。貨幣経済が成立する前に、食糧が支払いの手段であったのは世界のどの民族にも共通している。そのほとんどが主食用の穀物であった。事実、後に米が主食となってからは、米が支給されるようになった。ところが、ここでいう穀物とは何だったのか。文中では明示されていない。

『論語』「微子《びし》第十六」にこんなことが記されている。ある日、孔子の弟子である子《し》路《ろ》（仲由）が旅の途中、ひとりの隠者に出会った。隠者は子路をひきとめて泊まらせ、鶏と黍《きび》飯をご馳走した。来客をもてなすのに使われているのだから、黍は上等な食糧であったのだろう。ひとくちに「キビ」とはいっても、「黍」は「モチキビ」を指し、別名「黄米」である。粘性があるため飯にしていた。それに対し、粘性のないキビは酒の原料であった。

豆も主食

当時の食糧は稲《いね》、黍《きび》、粟《あわ》、麦《むぎ》、豆《まめ》など数種類あるが、豆は下層階級の食物であった。紀元前三一一〜前二九六年のことを記した『戦国策』「韓策・襄王」のなかで、韓の国の土地柄について触れた箇所がある。韓の国とは現在の山西省、河南省あたりにあるが、『戦国策』によると、土地が悪いため、麦か豆しか育たない。庶民の食物はたいてい豆の飯と豆の葉のスープで、一年でも凶作になると、民衆はかすやぬかもろくに食べられない状況になる。孔子が生きていた時代より百五十年か二百年あとのことであるが、食糧事情にそれほど大きなちがいはない。言い換えれば、孔子の時代には少なくとも一部の地域では豆が庶民の主食であった。

『管子』巻五「重令」には、「豆や穀物が不足すると、民衆には必ず飢餓の様子が現れる」ということばがあり、ここからも豆が庶民の食糧であることがわかる。さらに二百年ほどあとの『墨子』「尚賢」にも「是《これ》を以《もつ》て菽粟《しゆくぞく》多くして民は食に足る」とある。豆類や穀物が多くなれば、民衆は食糧に困らない、という意味だが、ここでも豆類が穀物とともに重要な食糧としてあげられている。

『論語』には食糧の意味で「五穀」ということばが使われているが、どのような穀物を指しているのかはわからない。漢代には二通りの解釈がある。『周礼《しゆらい》』に出てくる「五穀」について、鄭玄は「麻、黍、稷、麦、豆」と注釈したのに対し、『孟子』の「五穀」を趙岐は「稲、黍、稷、麦、菽」と注で説明している。麻（麻の実）が稲になった点を除けば、ほかはだいたい同じである。「稷」は粟であるという説と、コーリャンであるという説があるが、粟、コーリャンを入れても六、七種類である。『論語』「陽貨《ようか》第十七」に稲に言及する箇所がある。「夫の稲を食《く》らい、夫の錦を衣《き》る、女《なんじ》に於いて安きか」。米は高級な衣服とともにあげられているから、当時ではぜいたくな食べ物であったのだろう。孔子が住んでいた魯の国の地理や気候条件、農耕技術を考えると、稲の大量栽培には向かない。稲のつくれないところで米が主食になるのはむつかしい。

粟は上等な食糧

中原地域では米がぜいたくな食べ物で、豆は貧しい人々の食糧であった。麦はつねに豆（菽）といっしょにあげられているから、やはり粗末な食べ物と見られていた。すると、残りの穀物は粟、稷と黍になる。この三つは春秋時代に比較的裕福な人たちが食べていた。なかでも黍（モチキビ）はもっともよい食糧だから、上流階級に好まれていたようだ。かつて高級官吏であった孔子もおそらく粟かモチキビの飯を主食にしていた。たまには米を食べていたかもしれないが、米が主食になることはありえない。冒頭で触れた『論語』に出てきた「穀物」はいずれも士大夫に支給されたものだから、粟か黍にちがいない。黍とならんで、粟も上等な食糧であったからだ。

事実、当時の貴族たちが粟を主食にしていた記録がある。『戦国策』「斉策」によると、孟嘗君《もうしょうくん》の後宮にいる妃らはみな上等な白い絹や麻布の服を身にまとい、「粱肉を食う」という。「粱」はのちに高級な食糧の意味になったが、もとは上等な粟を指している。孟嘗君の領地は山東省滕県にあったから、二千年まえにはまだ大量に米を作っていなかったであろう。したがって、ここでいう「粱」もやはり粟のことである。

粟、黍は現在の米と同じ炊き方ではおいしくない。古代の炊飯器具を見ると、おそらく煮てからさらにせいろで蒸したのだろう。事実、そのような炊き方はつい最近まで中国の華北地域では主流で、「撈飯《ラオファン》」という。この煮てから蒸すという飯の作り方は、米に含まれるビタミンや蛋白質が、煮た湯とともに捨てられるので、健康的ではない。そのことは中学生の頃、何度も本で読んだり聞いたりしたことがある。書籍で廃止を読者に呼びかけていたくらいだから、一部の地域ではかなり流行していたことがわかる。本来そのような炊き方はめんどうなうえ、米にはまったく適していない。にもかかわらず、河北地域では代々伝わってきた。そのことから逆に、主食が粟やモチキビから米に移り変わったことが推定できる。食糧が変わっても、炊き方はまだむかしのままであったのだ。

春秋時代の書物や、やや後に書かれた記述には、ひとつの注目すべき点がある。地域によって穀物の種類が多岐にわたり、一定していないことである。現代の意味での主食はまだなかったのかもしれない。いまでこそ中国の北方では小麦粉、南方では米がそれぞれ主食になっているが、食糧生産が気象条件に大きく左右され、生産規模が小さく、生産量も不安定な古代では、現在のような、広域の食糧共通性は考えにくい。また、同じ地域でも、階層が異なる人々は異なる食糧を主食にしていた。中国文明の発祥の地である中原地域では、粟や黍や米が高級な食糧で、貴族、官吏、豪商や士大夫しか食べなかった。ただ、南方では米の普及度がもう少し高かったかもしれない。

2　孔子の食べた料理

さまざまな肉

春秋時代に料理に使われていた食材は数多くある。『周礼』「天官」には「六牲」ということばが出てくるが、肉類では馬、牛、羊、鶏、犬、豚の六種類の家畜が君主の饗宴や祭祀など、儀礼的な食事に使われていた。野生動物や魚類は狩りなどで入手できるかぎり、ほとんど全部食用に供されていた。

『論語』には、孔子が高尚な音楽に心を奪われ肉を食べてもその味がわからない、とある。ところが、それは何の肉なのか示されていない。現代中国で「肉」と言えば豚肉を指すが、古代ではどうか。『論語』「陽貨」には、魯の国の大夫である陽貨に孔子が居留守をして会おうとしないので、陽貨が、孔子にお礼を言いに来させるために豚を贈った、とある。また『礼記』「王制」には、特別な事情がないかぎり諸侯は牛を殺して食事に用いてはいけないし、士が犬や豚を殺してはいけない、また庶民はごちそうを食べてはいけない、という規定がある。ふだん食べてはいけないとは、お祭りや客が来るときなどは食べてよいということを意味する。いや、ふだんから食べていたからこそ、『礼記』のなかでぜいたくとして戒められたのであろう。とすれば、「士」である孔子は犬か豚を食べていたはずだ。

飼育技術などを考えると、春秋時代の犬肉の供給量が豚肉を上回るとは考えられない。それに孔子には犬肉の食用について「ポリシー」があったようだ。『礼記』「檀弓下」によると、孔子は飼い犬が死んだとき弟子に埋めさせたという。

中国では六朝まで、犬を食べるのはタブーではなかった。しかし孔子は飼い犬には情が移っていて、食べるにしのびなかったのかもしれない。ペットとして飼われていた以上、犬は豚ほど日常的に口にする「肉」ではなかったろう。孔子にとって特別に明言しない場合の「肉」はやはり豚肉を指していたであろう。

魚の種類は多い

『論語』には魚のことはあまり出てこない。食事について孔子のいわく「飯は精白のものをよしとし、膾《なます》は細かく切ったのをよしとする。飯がすえたり、味が変わったのは食べない。魚は腐ってくずれたのは食べない。色の悪いものも食べないし、臭いものも食べない。調理しそこなったのも食べない。季節外れのものも食べない。肉の切り方が正しくないものも食べない。それぞれに合った調味料を加えなかった料理は食べない」。しかし、どのような魚であったかについては触れられていない。

孔子が生きていた頃、あるいはそれ以前には、どのような魚が食用に供されていたのだろうか。『詩経』からその一斑をうかがうことができる。たとえば「周頌」「潜」

という詩には鮪、鱣、鰷、鱨、鰋、鯉など五種類の魚の名が出てくる。「鮪」はマグロではなく、淡水産のチョウザメ（学名 sturgeon）。「鱣」は肉が黄色く、鱗がない魚である。大きいのは体長が六〜九メートルにも達するが、これもチョウザメの一種と見られている。「鰷」はオイカワで、俗にハエ、ハヤとも言う。「鱨」はギギで、「鰋」は現代中国語で「鮎魚」ともいうが、日本のアユではなく、ナマズである。

『詩経』「陳風」に出てくる「魴」は現代中国語で「鯿魚」と言い、体が平たい淡水魚である。肉が柔らかく、たいへんおいしい。現在でも中国各地の自由市場でよく見かける。「鱧」（「小雅《しょうが》」「魚麗」）はライギョ（八つ目ウナギ、ハモという説もある）、「鱒」（「豳風《ひんぷう》」「九罭《きゅうよく》」）はマスである。「鯊」（「小雅」「魚麗」）はカマツカ、「鱮」（「小雅」「采緑」）はレンギョである。また、魚類ではないが、スッポン（鱉、「小雅」「六月」）も出てくる。そのほか『荘子』「外物」にはフナが記されている。

『詩経』に出てくる魚はぜんぶ淡水魚で、しかも黄河流域のものが多い。むろん右にあげた魚は当時すべての庶民が日常的に食べていたものではないかもしれない。

コイ、レンギョ、ライギョ、フナは現在でも多くの地域で食べられている。しかし、そのほかの七種類は一部の地域をのぞけば、どれも日常的に食べなくなった。現代中国の四大川魚と言われているのはセイギョ、ソウギョ、フナ、コイ。なぜかセイギョとソウギョは『詩経』には見あたらない。現在でも長江流域に多く産出され、食用にされていることを考えると、輸送手段が確立されていなかった当時、おもに南方で食べられていたのであろう。『詩経』に出てこなかった理由はそれかもしれない。

大規模養殖の技術がまだ確立していなかった古代では、コイのように比較的広い地域に生息している魚をのぞいて、同じ民族が必ずしも同じ魚を食べていたわけではない。また、近代に入ってからは遠洋漁業の発達によって、かつて食べられなかった海の魚も食卓に見られるようになった。しかし、孔子の時代には、漁労技術の限界から、海産の魚は内陸部ではまだほとんど食用にされていなかった。ましてや、現代中国では一般の家庭でもっとも広く食べられている海の魚、たとえば太刀魚、イシモチ、マナガツオなどはまったく知られておらず、どの文献にも出てこない。

現在、中華料理と言えば、エビは欠かせない食材である。家庭料理のなかでごちそうのトップスリーは田ウナギ、スッポンに上海ガニ。ところが、古い文献に名前が出てくるのはスッポンだけである。当時ではかなりのごちそうだったようだ。『左伝』にこんな物語が記されている。楚の人がある日、鄭の霊公に大きなスッポンを献上した。ちょうどそのとき、公子宋と公子家の二人が御殿に参上して霊公に謁見しようとしていた。御殿に入ったとき、公子宋は人さし指がぴくぴくと動き出したので、その手を子家に見せて、このようなことがあると、必ず珍しいごちそうにありついたものだ、と話した。「食指が動く」という熟語の由来だが、この故事から見ると、スッポンは貴族でも日常的に食べられるものではなかったようだ。

—そのかわり古い書物には「肉」がたびたび登場し、かつ「ごちそう」の比喩として多く使われている。『戦国策』巻四「斉策」によると、賢明な君主である斉の宣王は顔斶を策士として使おうと思い、自分に仕えれば、食事には「太牢」、つまり豪華な料理を用意し、外出には専用車を支度し、妻子の衣装は必ずきれいなものをととのえる、と言って勧めた。「太牢」はもともと祭祀のときの供え物で、牛、羊、豚が備わった料理のことである。豪華料理の比喩として使われていたことから見ると、当時もっとも高級で、おいしいと思われていたのはやはり肉料理であった。

野菜の食べ方

野菜について『論語』はほとんどふれていない。『詩経』を手がかりにたどっていくと、少なくとも二十種の野菜が食用に供されていたことがわかる。おもなものをあげると、豆の葉（原文は「藿《かく》」、「小雅《しょうが》」「白駒《はくく》」）、せり（原文は「芹《きん》」、「小雅」「采菽《さいしゅく》」）、じゅんさい（原文は「茆《ぼう》」、「魯頌《ろしょう》」「泮水《はんすい》」）、わらび（原文は「蕨《けつ》」、「召南《しょうなん》」「草虫《そうちゅう》」）、ぜんまい（原文は「薇《び》」、前掲詩）、にら（原文は「韭《きゅう》」、「豳風《ひんぷう》」「七月《しちがつ》」）、あおい（原文は「葵《き》」、前掲詩）、ゆうがお（原文は「瓠《こ》」、「小雅」「南有嘉魚《なんゆうかぎょ》」）、かぶら（原文は「葑《ほう》」、「邶風《はいふう》」「谷風《こくふう》」）、大根（原文は「菲《ひ》」、前掲詩）、なずな（原文は「薺《せい》」、前掲詩）、にがな（原文は「荼《と》」、前掲詩）、白よもぎ（原文は「蘩《はん》」、「召南」「采蘩《さいはん》」）、はなじゅんさい（原文は「荇菜《こうさい》」、「周南《しゅうなん》」「関雎《かんしょ》」）、おおばこ（原文は「芣苢《ふい》」、「周南」「芣苢」）、みみな（原文は「巻耳《けんじ》」、「周南」「巻耳」）、ふくべの葉（原文は「瓠葉《こよう》」、「小雅」「瓠葉」）、しゅんぎく（原文は「莪《が》」、「小雅」「蓼莪《りくが》」）、でんじそう（原文は「蘋《ひん》」、「召南」「采蘋《さいひん》」）などがある。

そのなかに現代でも食べているものや、あるいは形を変えて現在の食生活にも残されているものがある。せり、にら、大根、なずな、ゆうがお、しゅんぎくは今日でもよく庶民の食卓にのぼり、じゅんさいは杭州あたりでは今もなお食用に供されている。また、現在えんどうの苗を高級な野菜としているのも、おそらく「藿」つまり、豆の葉を食べる習慣とかかわりがあるだろう。ただ、野菜の名前はすっかり変わり、たとえば「菘」（しゅんぎく）は「茼蒿」か「蓬蒿菜」に、「菲」（大根）は「蘿卜」になっている。現在でもなんとか意味が通じるのは芹、韮、薺だけで、それ以外はまったく通用しなくなった。

いまではほとんど食べなくなったものも少なくない。右にあげた二十種近くの野菜のなかで、半分以上は現在すでに野菜ではない。ぜんまい、わらびなどは日本では山菜として親しまれているのに、中国のほとんどの地域ではすでに食べなくなっている。現在もっとも多く栽培され、庶民生活に欠かせない白菜、チンゲン菜、キャベツ、ほうれん草はどれもまだ登場していない。

3　料理人の腕前と調理法

刺身もあった

料理は調理法によって素材の外形も味もまるっきり違ってくる。たとえ素材が同じでも、孔子の時代には人々はどのように調理して食べていたのだろうか。『論語』のなかに「食は精を厭わず。膾は細きを厭わず」ということばがある。『漢書』「東方朔伝」に「生肉を膾と為す」とあるように、膾は肉や魚を細切りにして酢につけた料理で、もともとは刺身と同じように、なまで食べていた。現代中国ではごく一部の地域をのぞき、肉や魚の刺身をまったく食べない。正式の中華料理にもなまものは出ない（北京や上海などの大都市に日本料理店が進出し、刺身がはやるようになったのも一九九〇年代以降に起きた新しい現象である）。しかし、春秋時代には生食はごくふつうで、孔子も肉の膾を好んで食べていた。『礼記』によると、膾の薬味には、春はネギを用い、秋はカラシナを使い、また、鹿の生肉にはひしおを使うべきだという。

中国のもっとも古い調理法のひとつは「煮込み」で、もっとも古い料理は「あつもの」である。むろん、肉も種類を問わず、みな煮て、あつものにして食べていた。孔子の時代だけでなく、殷（前一七五〇～前一〇二〇年）の時代でも「煮込み」はすでにおもな調理法として、「蒸し」とともに広く用いられていた。王侯貴族の家では鼎《かなえ》などを料理器具として肉を煮て調理した。また、「甑《そう》」という炊事具は底部に小さな穴があいており、それを「釜」や「鬲《れき》」の上に置いて蒸し器として使われていた（章扉参照)。

「煮る」「焼く」中心の調理法

「煮る」という調理法はたいへん幅が広く、同じ「煮る」と言っても、さっとゆでるか、長時間煮込むかによって出来上がりは大きく違ってくる。また、肉の場合、煮て、汁から出して食べるか、事前に細かく切っておいて、汁とともに食べるかによっても、ちがった料理になる。春秋時代やそれよりもまえの殷の時代には後者、つまり「あつもの」にするのがおもな食べ方だったようである。

また一口に「あつもの」と言っても、さまざまな種類がある。肉料理を指す場合もあれば、野菜だけのあつもののもある。『礼記』「内則」に「羹食《こうし》、諸侯より以下庶人《しょじん》に至るまで等《とう》無し」とあるように、支配者から庶民にいたるまで広くこの種の料理を食べており、身分による差別はない。

「焼く」という料理法も肉や魚を食べるときによく用いられていた。焼き方によって「炮《ほう》」「燔《はん》」「炙《しゃ》」などに分けられる。「炮」は食物に泥をつけて焼く、「燔」は焼く、「炙」は火であぶる、と解釈されている。

あつものにする場合、肉がかなり少量でも、ほかの食材を加えればなんとかなる。それに対し、焼く場合にはある程度の肉の量がないと調理できないという難点がある。また、あつものは干し肉でも作れるが、焼き肉は新鮮な肉でなければならない。王侯貴族は別として、春秋時代の一般家庭では肉はあつものにして食べるのがもっともふつうの食べ方なのであった。

あつものは肉や魚だけを使う場合もあるが、ほかに野菜を入れることもある。あつものに限らず、何の野菜をどの肉に使うかが、『礼記』では詳しく示されている。たとえば、豚肉には、春はニラ、秋は蓼《たで》を使い、牛、羊、豚には山椒を、そのほかの肉には梅の実を使う。またウズラや鶏のあつものなどには蓼を入れる。おそらく野菜としてだけではなく、薬味としても使ったのだろう。このことから食材を配合して調理するという考えが当時すでにあったことが推測できる。それは後世の調理法にも受け継がれ、現代の中華料理ではメインディッシュでも複数の食材が使われる場合が多い。

しかし、春秋時代の人々は現代とはかなりちがう野菜を食べていたので、孔子が口にした料理の味も現代の中華料理と大きく異なっていたであろう。

少しさかのぼれば、西周の時代には魚を煮て食べていた。『詩経』「檜風《かいふう》」の「匪《ひ》風《ふう》」という詩に「誰《たれ》か能《よ》く魚《さかな》を亨《に》ん、之《これ》が釜鬵《ふじん》を漑《すす》がん」（高田真治訳、一九六六）という詩句がある。「亨」とは「煮る」ことである。「誰か魚をうまく煮る者がいれば、その鍋を洗ってあげよう」と言っているのは、魚を煮ておいしい料理に作るのが難しいとされたからだろう。「小雅」の「六月」という詩には「諸友《しょゆう》に飲御《いんぎょ》して、炰鱉《ほうべつ》膾《かい》鯉《り》あり」とある。「炰鱉」とは包み焼きにしたスッポンのことである。膾の鯉とともに友人を招待するごちそうとしてあげられている。

現代中国では野外での食事や屋台など特別な場合をのぞいて、焼き魚をほとんど食べない。レストランだけでなく、家庭でも魚を直接火にかけて焼いて調理することは少ない。しかし『国語』「楚語上」には、祭祀の供え物として「士には豚か犬、庶民には焼き魚」が用いられるということばがある。祭祀が終わった後、供え物は通常そのまま食べられた事実から考えると、春秋戦国の時代には焼き魚も普通の食べ方であったことがわかる。

ひたし物と塩漬け

中国の製鉄がいつからはじまったのかについては、まだ定説がない。鉄製の農具は春秋時代にすでに作られていたが、鉄の鍋は文献には見あたらない。まして現代のような薄い鉄でできた中華鍋はまだなかったであろう。孔子が生まれたのは春秋時代の半ば頃だから、鉄の鍋は使われていなかったはずだ。陶器や青銅製の鍋でも簡単に作れるあつものがおもな調理法だったろう。

炒めが料理法としてまだ発見されていなかった頃、野菜の調理法は限られていた。ほとんどの野菜は「蒸し」にも「焼き」にも向かないから、あつもののほか、ひたしか塩漬けが主流になる。実際、春秋時代の野菜の食べ方は後世に比べてかなりシンプルであった。史書には「菹《そ》」という字がよく出てくるが、酢漬けか塩漬けの野菜のことである。野菜だけの料理は軽蔑され、貧乏人の食べ物と見られていた。『韓非子』「外儲説左下」にこんな話がある。孫叔敖《そんしゆくごう》という人が楚の国の宰相となったが、外出するには一般の士の用いる車に乗り、食事には粗末なご飯と野菜のあつものと干し魚を食べ、つねにひもじい顔色をしている。こんな人は倹約がすぎるため、たとえ優れた大臣であっても、下々に対してきびしくあたるであろう、と作者は否定的に論評している。また、『論語』のなかでも「菜羹《さいこう》」（野菜のあつもの）が「疏食」つまり粗末な飯とともにあげられている。

4　祭祀と調理法

姿煮、姿焼きの多い料理法

日本料理と中華料理の大きな違いは二つある。

ひとつは、日本では魚をのぞいて動物の形を残さないように調理することであり、もうひとつは、家畜の頭、足、内臓は正式の料理にも家庭料理にもそのままでは使わないことである。まだ中国にいた頃、日本人の知りあいを家に招待したことがある。もっとも得意な料理を披露しようと思い、蒸し鶏を作った。生後六カ月未満の若鶏を朝のうちにつぶし、丸ごと蒸しあげたものである。紹興酒、ショウガ、細ネギと塩以外は何も入れず、蒸すときにも余計な水分が入らないようにするため、味は濃厚で肉は柔らかい。しかし、不思議なことに、友人はその料理にまったく興味を示さず、いくら勧めても箸をつけようとしない。後でわかったのだが、日本人は丸ごと調理したものを食べないのである。飼育、野生にかかわらず、禽獣類は原形さえ残らなければ、結構いろいろなものを食べているのだが、丸ごと調理して食卓に出された鶏、家鴨《あひる》、鳩や兎を見て、ほとんどの日本人が拒絶反応を示す。

ところが、中華料理は動物の原形を残して調理するのが普通である。豚足は細かく切らず、そのまま調理されるし、鶏やスッポンの姿蒸しもまったくめずらしくない。北京ダックを食べるとき、焼き上げたダックをまず食卓に持ってきて、焼き具合を観賞させ、客がその姿を十分堪能してからはじめて一枚一枚削っていく。日本ではそのような光景はほとんど見られない。準備作業は全部厨房で済まし、食卓に運ばれたときにはダックさんの姿も形も見えない。なかにはパンに包んでから出す店さえある。

北京ダックだけではない。中国では、子豚の丸焼きもいったん皮を胴体から切り離し、長方形に切ってから、また背中やあばら骨の上にもどして食卓に出す。

江蘇省鎮江市には「豚頭の醬油煮込み」という名物料理がある。『随園食単』にも名前が出てくる歴史のある料理である。本来は豚の頭のなかの骨を出し、三つ、四つに切ってから調理されたものだが、料理ができ上がり、皿に盛るときには豚の頭の形に戻してからはじめて食卓に出す。

神に供えるものと口にするもの

動物の内臓を食べるのも中華料理の特徴だ。レバーだけでなく、腎臓も肺も心臓も、そして胃袋も腸も料理してしまう。また、豚、鶏や家鴨の血もれっきとした食材である。日本と中国は文化的に近いのに、なぜこのように違うのだろうか。さまざまな理由が考えられるが、祭祀のしきたりとも関係があるのではないか。

日本ではごく少数の例外を除けば、祭祀のときに肉類を使わない。仏教式の祭祀に五品が供えられる。ご飯、煮物、豆類（あるいはおひたし）、香の物、汁。むろん料理の方は全部精進料理でなければならない。神道の場合は七品目。米、塩、水、お神酒、季節の野菜、季節の果物と尾頭付きの魚（たいていの場合はスルメ）。それ以外に季節によって餅や菓子を添えてもかまわない。仏教、神道にかかわらず、どちらの場合にも肉類はないし、ましてや禽獣類を丸ごと調理する発想はまったくない。海産品をのぞいて、日本人は丸ごと調理したものを気持ち悪いと思い、また家畜や家禽の内臓や足、頭を食べない。そうした心理は祭祀の習慣とかかわりがあると思う。事実、日本では魚を丸ごと調理し、丸ごと食卓に出す。祭祀に丸ごと調理した魚を供えるからであろう。魚の内臓を捨てないことがあるのもおそらく同じ理由であろう。

中国の食習慣も祭祀のしきたりと密接な関係がある。古代では天、地の神や、先祖を祭るときに料理を供えた。仏教が入るまえから神々に「六牲」、つまり六種類の禽獣をささげる習俗があった。また、死者を祭るときにも料理を供える。『礼記』「郊特牲」によると、天を祭る祭祀では、牲《いけにえ》の血を供えるが、先祖を祭る「大饗《だいきょう》」では生肉を供え、土地の神（社）と五穀の神（稷）を祭る「三献《さんけん》」では生煮えの肉を供え、そのほか諸神を祭る「一献」では、人間が食べるのと同じように十分に煮た肉を供えるという。また、牲の首や心臓、肺、肝臓なども供え物として祭祀に使われていることが記録されている。その理由について『礼記』では、「首を供えるのは、首は全体の正（長）だから」と言い、「牲の血を供えるのは生気の盛んなることを尊び、肺、肝、心臓などを供えるのは生気の元になる部分を尊ぶ」（竹内照夫訳、一九七七。以下同）と説明している。『礼記』は漢代に編纂された書物だが、収録された内容は先秦時代のものが多い。事実、『国語』「楚語上」には、（祭祀の供え物として）国君には太牢（牛、羊、豚）があり、大夫には少牢（羊、豚）があり、士には豚、犬があり、庶人には魚がある、という記述がある。しかも、それは「祭祀の法典」の文句だというから、かつては供え物について細かい規定があったことがうかがえる。

祭祀と食習慣

神や先祖にささげる生贄《いけにえ》は本来丸ごと供えなければならない。しかし、牛や豚のように大きい動物は丸ごと調理するには不便が多い。そのためか、後に簡略化して頭部や胴体、腿の部分を大切りにして丸ごと調理して供えるようになった。仏教が入ってからもその習俗は継承された。近代になっても、肉親の葬儀や、自宅で忌日の法要をするときには、丸ごと料理した鶏や家鴨が使われていた。

祭祀が終われば供え物が祭る人々の食べ物になるのはごく当たりまえのことである。『礼記』「郊特牲」には、祭祀で供えた物は先王からのお裾分けとしてありがたくいただくものであり、そのおいしさを味わうべきではないと書いてある。つまり、供え物は神がさきに食べ、その後人間が食べるべきものである。現代では牛、羊の内臓や、豚の首、足や脳味噌などを食べているのはそのなごりであろう。

調理の仕方も祭祀と関係がある。『礼記』「郊特牲」は、祭祀のときにさまざまな方法で調理された肉を供える理由について、「神前に肉を供えるには、大切りの生肉、切りさいた肉、ゆでたもの、あるいはよく煮たのを用いるが、そのわけは、どれか一種では、神の心にかなうかどうかが分からないからであって、主人みずから敬意を尽くして供物を調える」のであると解釈している。神の名を借りて美食三昧をするきらいもないわけではないが、多様な調理法がかつて祭祀の風習と深いかかわりがあったこともまた事実である。

日本と中国では食習慣が大きく異なっているが、神が食べる料理は人間も食べるという観点からすると、日本と中国のあいだには違いがないとも言えるだろう。

5　孔子の食卓マナー

飯は手でつかんで食べる

小学生のころ読んだ絵本のなかに、孔子が食事をしている場面があった。孔子がござの上に座り、日本の座卓のようなテーブルを使っている。ところが、食器はいまのものとほとんど変わらず、しかも箸を使って食べている。当時は別におかしいとは思わなかったし、いまでも多くの人たちがまだそう思っているかもしれない。

『史記』によると、殷の紂王（紀元前十一世紀ころ）がはじめて象牙の箸を作ったという。しかし、考古学者が発掘したものは古くても春秋時代にしかさかのぼれない。箸をいつから使い始めたのかはともかくとして、孔子の時代の箸の使い方は現在とはだいぶちがう。『韓非子』「外儲説左下」には興味深いエピソードがある。ある日、孔子が魯の哀公に謁見し、その近くに侍り座っていた。哀公は孔子に桃の実とキビ飯を賜り、食べるようにと勧めた。孔子はまずキビ飯を食べ、それから桃を食べた。それを見て一同はみな口をおおって笑った。哀公が孔子に「キビ飯は食べるのではなく、桃の毛をぬぐうためのものだよ」と言うと、孔子は次のように答えた。わたしもそのことはよく知っているが、キビは五穀のなかで順位がもっとも高く、先祖を祭るときにも最上の供え物である。しかし、桃は六つの木の実のなかで順位が最後にある。君子はいやしい物で尊い物をぬぐうと聞いたことがあるが、その逆は聞いたことがない。五穀のトップであるキビで果実の末席にある桃をぬぐうのは、上をもって下をぬぐうことになる。これは大義に背くことで、わたしにはそうすることができないのだ。

孔子が哀公を諫めるためにそう言ったのか、それともただ貴族のぜいたくな食べ方を知らなかったのかはともかくとして、このエピソードから意外な事実を知ることができる。桃の毛をぬぐうために出されたキビ飯には、箸はついていないはずだ。すると、孔子が指でご飯をつかんだのは、それが当時の作法だったからであろう。もし、いまのように箸を使ってご飯を食べるのが作法なら、いくらなんでも孔子は手でキビ飯を取って食べることはしなかったにちがいない。

箸の使い方

事実、『礼記』「曲礼」にはご飯を食べる正しい作法が書いてある――「黍を食するに箸を以てすること勿かれ」、つまり、キビ飯を食べるには箸を使ってはいけない。『管子』「弟子職」にも「飯は手に捧げ持って食べ、あつものには直接手を使わずに箸や匙《さじ》を用いる」（遠藤哲夫訳、一九九二。以下同）とある。

目上の人といっしょに食べるとき、同じ食器から飯を指でつまんで食べることがある。その場合、手の指をすりあわせてはいけない、と『礼記』に書いてある。それについて唐代の儒者である孔穎達《くえいだつ》（五七四〜六四八年）は、古代の人は手で飯を食べるから、ほかの人といっしょに食事をするときには、手が清潔でなければならない、食べる直前に手をすりあわせる（きれいにする）のは不潔だからで、いっしょに食べる人に嫌われる、と注釈している。

また当時、来客や目上の人といっしょに食事をするとき、飯をまるめて取ってはいけない、とされている。それについても孔穎達は次のように解釈する。同じ食器から飯を取って食べるとき、飯をまるめたらどうしても多く取ることになる、そうすれば、争うように取っているような印象を与えるから、行儀が悪いのだ、と説明している。ただ、これは他人といっしょに食事をする場合のマナーで、ふだんの食事ならそうしてもかまわない。『呂氏春秋』「慎大」によると、諸侯である趙襄子は飯をまるめて食べていたという。

じつはこの習俗はつい数年前まで江南地域に残っていた。「粢飯《チーファン》」といって、庶民が利用する大衆食堂でしか食べられない朝食の一種である。もち米とうるち米を一定の比率で混ぜて蒸しあげた飯だが、客の注文に応じて中身が調合され、まるめてから客の手に渡される。食べるときも手に持ったままで、けっして箸を使わない。日本のおにぎりと似ているが、ここ数年でほとんど姿を消した。

春秋戦国時代には、飯を食べるときに箸を使わず、料理を取るときに箸が使われていた。あつものを食べるとき、なかに野菜が入ったものは箸で食べ、入っていないものは箸を使わない、と『礼記』に書かれている。しかし現代中国では、スープはちり蓮華を使って飲むのがふつうである。

興味深いのは朝鮮半島にも似たような食習慣があることだ。韓国では食事のとき、飯は箸を使わずスプーンで食べるが、おかずを取るときには箸を使う。スープも中身のある場合にだけ箸を使う。

料理は別々であった

現代中国では複数の人が同じ食卓についたとき、ひとつの皿から料理をつつくのがならわしである。しかし、春秋戦国時代はちがう。飯は同じ食器に盛られることがあるが、おかずは一人ずつわけて、いまの日本と同じように別々に食べる。『管子』「弟子職」には「各々《おのおの》其の餽《き》を徹《てつ》するには、賓客《ひんかく》に於けるが如くす」とある。それぞれ自分の食膳を下げるときには、賓客の食膳を下げるかのように慎み深く行う、という意味だから、料理が別々になっていたことは明らかである。また、教師たちが食べている最中、給仕している弟子はたえず見回り、状況に応じてそれぞれの教師に食べ物の継ぎ足しをしなければならない、とも書いている。飯やおかずを同じ食器から取るなら、そのような給仕法はありえない。

右にあげた『管子』の記述と、前出の『礼記』の記述とをあわせて読むと、当時の習慣についておおよそ次のように推定できる。すなわち、ふだんは飯もおかずも別々である。しかし、来客があったりすると、飯は同じ食器から取ることもあるが、おかずは基本的に別々になる。

食卓でのご飯やおかずの置き方についても詳しいきまりがある。『礼記』によると、来客に食事を勧めるとき、飯は食べる人の左側に、あつものは右側に置き、その外側に膾と焼いた肉を置くという。酢、塩辛のような調味料は内側に置き、ネギなどの薬味は外側に置く。また、肉料理なら骨付きは左に、切り身は右に置かなければならない。調味料や香辛料の置き方を見ると、一人前の食膳であるのが明らかである。卓上の料理の置き方からも、当時、食膳が別々になっていたことがわかる。

また、料理を出すには一定の順番がある。同じく『管子』「弟子職」によると、さきに家禽や家畜の料理を出し、そのあと野菜のあつものを出さなければならない。そして、食事の終わりに飯を出す方が正しいマナーとされている。これも、先生が食事をするときに、弟子はいかに給仕すべきかについての礼儀であるが、日常の食事でもそう大きくは違わないであろう。

食事に関連するマナーとして、食前に手を洗い、食後に口をすすぐことがあげられる。ただ、どこまで普及していたのかははっきりしない。また、すべての場合にあてはまるわけでもないようだ。『礼記』「喪大記」には、粥を「盛」という食器で食べるときには手を洗わないが、飯を竹かごで食べるときには手を洗わなければならない、とある。服喪中の食事マナーだが、粥を食べるときには例外のようだ。食後に口をすすぐのも一律ではない。『管子』によると、先生は食後に水で口をすすぐが、弟子は食事の後、口の端を手でおおってよごれを取るだけでよいという。

一日二食

一日の食事の回数についても、『荘子』「逍遥遊」に、「三飡《さんそん》にして反《かえ》るも、腹《はら》猶《な》お果然《かぜん》たり」（三度の食事でもどっても、空腹を感じない）ということばがある。そうした記述から、春秋戦国時代（前七七〇～前二二一年）には一日三食という観念がすでに確立していたことがわかる。

しかし、一般庶民はじっさいそうではなかったらしい。一九八〇年代以前に出土した木簡によると、殷代（前一七五〇〜前一〇二〇年）には庶民は一日二食であった（宋鎮豪、一九九四）。食事の時間も地域によって多少ちがうが、だいたい朝七時から九時に一回と、午後三時から五時に一回である。朝食が主食のようで、一般に午後の食事より量が多い。春秋戦国時代になってもその習慣は守られていた。秦代の木簡にはなお一日二食の基準で食糧を配分している規則が記述されているから、庶民のあいだでは、その後も続いていたのであろう。それどころか一九六〇年代になっても一日二食の地域がまだ見られた。筆者は一九六六年に広東省珠海に短期滞在したことがある。長兄が勤務していた陸軍病院ではウィークデーは一日三食だが、休日になると地元の風習にしたがって、食堂は朝十一時と午後五時ごろの二食しか出さない。別に凶作になったり、飢饉が起きたりしたわけではない。これもむかしの名残かもしれない。

ただ、上層階級においてはそうではなかった。当時上層階級は一日三食で、庶民が一日二食であったと考えた方が妥当であろう。そして生産力の向上に伴って、一日三食の習俗が上層から次第に下層に広まっていった。

【第二章】
ラーメンの年輪——漢代

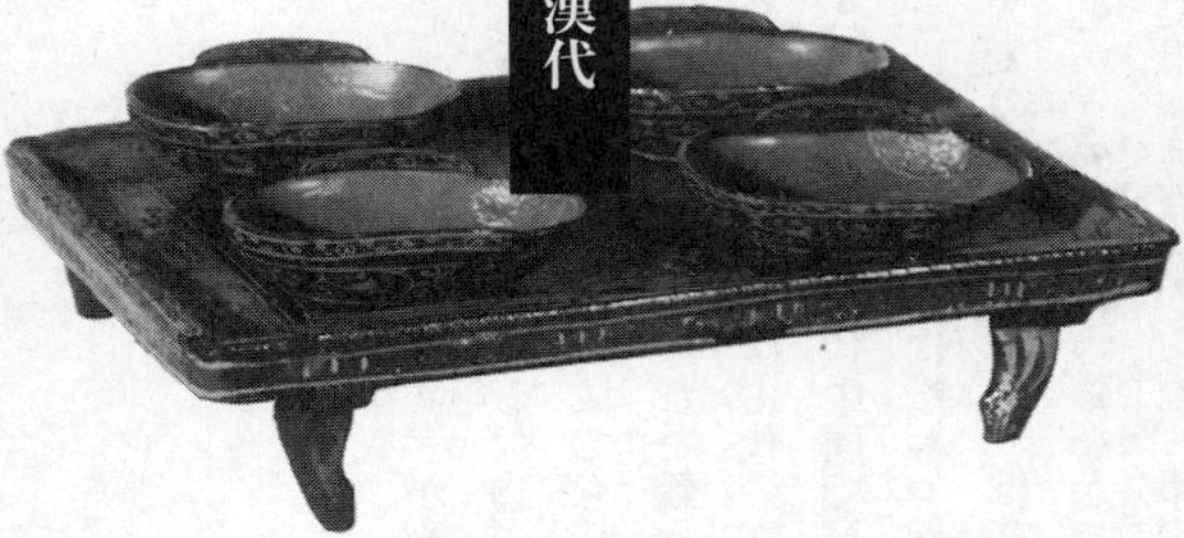

漢代の案（膳）

1　粒食にされた麦

粒食文化の由来

　採取文化、狩猟文化の時代はともかくとして、黄河流域に文字が誕生してから、中国は長い間ずっと粒食文化であった。もともと大陸で産出する穀物の種類は多く、地域によって主食の穀物は多岐にわたっている。また、同じ地域でも時代によってさまざまな変化があった。とはいうものの、いわゆる五穀と呼ばれた穀物、つまり粟、黍、稲、麦、豆などはいずれも粒のまま炊いて食べられていた。古代の文献にたびたび登場してくる「麦」も例外ではない。篠田統氏によると、古代中国で言う麦とは中央アジア高地を原産地とする大麦のことで、もとは西から中国に伝わった穀物だが、長い間粒食にされていた（篠田統、一九七四）。大麦の起源地については諸説あるが、粒のまま食べられていたことはたしかである。というのは、穀物のなかで大麦は味がやや劣り、またグルテンを含まないため、粉食には適さないからだ。事実、大麦を粒のまま食べる習慣は現代でも残っており、わたしが子供の頃、実家ではよく大麦の粥をつくっていた。また、食糧が不足していた六〇年代の前期には麦飯も食べたことがある。

中原地域において、粒食が主流となったのは粟や黍類を主食として食べていたからであろう。考古学の発掘結果によると、黄河流域では八千年前にすでに粟が栽培されていた（閔宗殿ほか、一九九一）。粟や黍を主食とする歴史がながく続いたので、その間たとえほかの穀物を手にする機会があっても、自然と粒のまま食べてしまったのであろう。

粟が選択された理由

そもそも粟が主食として選択されたのには、それなりの理由があった。粟は生育時期が短く、早いのは三カ月で収穫できる。半年もかかる稲に比べて、栽培サイクルがはるかに短い。それに、気候の適応性にも優れている。とりわけ粟はひでりに強く、降水量の少ない中国の北方に向いている。また、やせ地にもよく育つため、自然条件が悪く、農業技術の低い地域でも栽培が可能である。原始的な農耕しかできなかった古代に粟が選択されたのはそのためであろう。

もうひとつの理由は粟の豊かな栄養価である。精白していない粟のタンパク質、脂質、カルシウム、鉄分、カリウム、ビタミンB_2の含有量はすべて玄米より高い。精白粒の粟は精白した米に比べてそれらの値のほかに、エネルギー、繊維、灰分、リン、ビタミンB_1、ナイアシンなどでも数値が高い。そうしたことは科学的に解明されていなくても、経験則でわかるはずだ。

豆にはいろいろな種類があるが、大豆を例にとれば、タンパク質、脂質、カルシウム、鉄分、ビタミンの含有量で粟より高い。しかし、最大の問題は六十五パーセントという低い吸収率である。この意味で豆よりも粟の方が主食として選ばれたのはけっして偶然ではない。

南方の稲作文化

ここ数年、考古学の発見によって、中国大陸ではじつは黄河流域以外にもかつて高度に発達した文明があったことが明らかになった。たとえば長江流域では黄河文明よりも古い農耕文化が存在していたことが判明している。ただ、文字史料が残存していなかったため、この事実は長い間埋没していた。それらの地域では稲が栽培されていた。南方では黄河流域とは異なり、主食は米であった。この意味では、古代中国文化はこれまで知られている以上に重層性を持っていた。ただ、主食が粉食か粒食かという点から見ると、稲も粒食であることに変わりはない。

小麦がいつ頃から中国に伝わったのかについてはいくつかの説がある。考古学者の発掘結果によると、西周時代にはすでに小麦があった（李長年、一九八二）。ただ、当時小麦は主要な農作物ではなく、おもに裏作として作られていたようだ。というのは麦が広域の主食になった記録が見あたらないからだ。大麦と小麦とはかつて別々の漢字で表していたが、のちにまとめて「麦」という字で表現するようになった。そのことは小麦が主要な作物ではなかったことを示している。もし小麦が主食になっていたら、記録、統計、登録などの必要から、大麦との表記の使い分けを改めてせざるをえなかったであろう。

2　粉食の登場

めん類の記録

中国語では小麦粉を意味する「麪」という字も、また小麦粉をこねて作った食物を指す「餅」という字も漢代の文献にはじめて現れ、それより以前には見あたらない。現代中国では「餅」とは、小麦粉をこねて焼いたりして作った平たいパンのことである。ところが、漢代においてはそうではなかった。小麦粉で作った食物をすべて「餅」と言う。だから、ナンのようなパン類ではなく、うどんやすいとんのようなものも「餅」ということばで表現されている。

漢代の学者である史游が紀元前三〇年頃に啓蒙教材として書いた『急就章』に、「餅餌、麦飯、甘豆羹」という、三つの食物の名が出てくる。そのなかの「餅餌」は「餅」のもっとも古い用例である。むろん「餅」という食品自体はもう少し古い時代にさかのぼるかもしれない。『漢書』巻八「宣帝」によると、漢の宣帝（前九一～前四九年）は即位する前に、よく巷に出掛け、「餅」を買っていたという。『漢書』が書かれた時代にはすでに「餅」があったことがわかる。もし記述されていることが正しければ、「餅」の成立はさらにさかのぼる。

漢の建元二年（前一三九年）に張騫《ちょうけん》が外交使節としてはじめて西域を訪れ、十三年後、つまり紀元前一二六年に帰国した。そこで粉食は張騫によって西域からもたらされたのではないかと推測されている。この説にははっきりした根拠はないが、可能性としては十分考えられる。

『漢書』「食貨志」によると、漢代の中期、董仲舒《とうちゆうじよ》（前一七六〜前一〇四年）は皇帝に上奏し、農業生産について次のように進言した。

『春秋』のなかでほかの作物の生育状況については記録していないが、麦と粟の収穫状況が悪いときには全部記している。そのことから聖人は五穀のなかで、麦と粟をもっとも重視していたことがわかる。いま関中（現在の陝西省《せんせいしよう》あたり）の人々は麦の栽培を好まない。これでは『春秋』でもっとも重視していた作物を失い、庶民の生活に影響を与える。そのため、陛下は関係官吏に命令を出し、関中の農民に越冬の麦をつくるよう促す必要がある。

麦は原文では「宿麦」と記されているが、大麦か小麦かは明示されていない。いずれにしても越冬の作物だから、主要な穀物が収穫されたあとに栽培される裏作である。陝西省のあたりで麦を作らなくなったのは、食糧として好まれていなかったからであろう。かりにここでいう「宿麦」のなかに小麦も含まれていたならば、この記述からひとつの重要なことが読みとれる。すなわち、漢代の中期に中国大陸の西北部において、麦はまだ粒のまま食べられていた。古代では大麦か小麦かにかかわらず、粒食の麦は粗食とされていた。そのため、価格が低く、経済性はよくない。作っても利益をあげることができなかったから、農民たちに敬遠されていたのであろう。もし小麦の粉食が成立していたら、さまざまな食べ方が可能になる。粉食が現れてからは、人々は好んで小麦粉を食べた。そのことによって、小麦の需要が増え、値段も上がったにちがいない。農民たちが理由もなく麦の栽培を嫌っていたとは思えない。

西域との往来と粉食

董仲舒の上奏は張騫が西域に使節として行ったのと時期的には相前後する。『漢書』「武帝記」によると、漢の元狩三年（前一二〇年）に洪水に見舞われた地域に対し越冬の麦を栽培するように行政指導が行われた。麦はなお貧困地域や災害時の食糧としてつくられていたのである。大麦か小麦かは明示されていないが、かりに小麦が含まれていたとしても、小麦はなお安っぽい、粗末な食糧とされていた。粉食はまだ発見されていなかったか、あるいは一部の地域で知られていてもまだ行き渡っていなかったのであろう。

ところが、紀元前三三年頃になると、小麦粉で作った「餅」がれっきとした食物として記録に残っている。その間わずか九十年ぐらいしかない。右にあげた漢の宣帝のエピソードを考えると、その差はさらに二十～四十年縮まる。すなわち、張騫が帰朝してわずか五十年の後、小麦の粉食が広まったことになる。当時の交通手段、情報伝達にかかる時間から推計すると、その期間はきわめて短い。さらに、臼や牽引器具などを改良するのに必要な月日を考えると、粉食技術は短いあいだに飛躍的な発展を遂げたことがうかがえる。

張騫が二度目に西域を訪れて戻ったのは紀元前一一五年。訪問の途中、彼は副使を大宛（現在のフェルガーナあたり）、康居（現在のサマルカンドあたり）、大夏（バクトリヤ）、身毒（古インド）、安息（パルティア、現在のカスピ海の南東岸あたり）などの諸国に派遣した。それらの副使が帰国したとき、西域の国からも使節たちが相次いで長安を訪れた。

粉食は中央アジアの方が歴史が長いことはすでに判明している。中国には原生の小麦はあったが、発達した粉食文化はまだなかった。小麦粉の登場と普及の時期を考えると、生産性の高い外国種の小麦が粉食文化とともに西域から持ち込まれた可能性はきわめて高い。

麦栽培の増加

しかし、小麦の粉食はすぐに広まったわけではない。前述のように「餅」という字のもっとも古い記録は紀元前三〇年代のものである。しかし、その後も長い間麦の粒食の文化は保たれていた。

前漢から王位を奪い取り、新王朝を打ち立てた王莽《おうもう》はあるとき、長安が飢饉に見舞われたといううわさを聞いた。長安の市場管理を担当していた宦官《かんがん》の王業に事情を聞くと、彼は市場で売っている「粱飯肉羹」つまり精白粟の飯と肉のスープを持ってきて、「住民たちはみなこのようなものを食べている」と王莽に報告した（『漢書』「王莽伝下」）。紀元二二年のことだから、「餅」が文献に見られるようになってから、五十年もあとのことである。

同じ年、後に漢の光武帝になる劉秀が兵を起こし、王莽政権を倒そうとした。王郎を討伐する途中、南宮県（現在の河北省南宮市あたり）で暴風雨に遭った。劉秀は車を空き家に引き入れ、部下は薪を持ってきて火をおこした。かまどの前で濡れた着物を乾かしている間に、将校は麦飯を炊き、兎の肩の肉を料理して劉秀に奉った（『後漢書』巻四「馮異伝」）。緊急のときの食事ではあるが、調達できた食糧が粒の麦であることから考えると、少なくとも農村部で常備していたのは小麦粉ではなく、粒の大麦か小麦であっただろう。

後漢に井丹《せいたん》という文人がいて、高潔さで名が知られていた。王侯貴族たちはみな彼と交遊しようとしたが、すべて断られた。ある日、光武帝（前六〜紀元五七年）の后の弟である陰就《いんしゅう》が術策を弄し、無理矢理に井丹を自宅に招いた。皇帝の親戚という地位を笠に着て、井丹を侮辱しようと、最初はわざと麦飯とネギの葉だけの食事を出した。井丹が、諸侯の家では上等な食事が供されるので参上したのに、なぜこんな粗末な食べ物を出すのか、となじると、ようやくごちそうが並べられるようになった(『後漢書』巻百十三「井丹伝」)。食事が心理戦の道具に使われているのも興味深いが、この記述から、当時麦飯が庶民の間でまだ食べられていたこと、また上層階級では粗食と見られていたことがうかがえる。

後漢の後期から徐々に変化が起こり、小麦の粉食がしだいに増えはじめた。漢の桓帝のとき(在位、一四七~一六七年)、戦争に疲弊した農民の窮状を唱った童謡がはやった。「小麦は青々としているが大麦は枯れている。収穫するのは嫁と姑ばかり。(なぜなら)男たちはみな西へいくさに出掛けたから」(『後漢書』巻二十三「五行志」)。小麦が主要な作物になりつつあったことが示されている。

めん類の広まり

後漢の中期以降になると、小麦粉の食品はいっそう急速に広まり、民間で日常的に食べられるようになった。一七〇年に亡くなった崔寔《さいしょく》は『四民月令』のなかで「立秋には煮餅と水溲餅を食べてはいけない」と書いている。「煮餅」とはラーメンの原型と思われ、「水溲餅」はおそらくすいとんのようなものであろう。めん類が洛陽あたりの民俗のなかに深く浸透したことを示している。ただ、そのころ小麦粉が主食のひとつであったかどうかはまだ断定できない。

『後漢書』巻六十三「李杜列伝《しってい》」によると、一四六年に後漢の奸臣である梁冀《りょうき》は手下を使い、八歳の皇帝である質帝の毒殺を企てた。質帝は食事の後、急に気分が悪くなり、太尉（宰相）である李固を宮廷に呼びつけた。李固が質帝に原因を尋ねると、まだなんとか話せた質帝は、「煮餅」を食べたがいま胃がもたれている、水を飲めばまだ助かるかもしれない、と答えた。そのとき梁冀もそばにいたが、彼は「水を飲むと吐くから、飲んではいけない」と止めた。しかし、彼の話が終わらぬうちに質帝は亡くなった。毒薬は煮餅に盛られていたらしい。いずれも紀元二世紀半ば頃のことであった。

3 漢代の食生活の諸相

中原地域の作物

秦、漢の両時代に中国文明は飛躍的な発展を遂げた。とりわけ、漢代には水利・灌漑技術が向上し、製鉄業がいっそう発展した。その結果、鉄器が農業生産や日常生活に多く使われるようになった。

一九五〇年代に河南省洛陽市あたりから、数百にのぼる漢代の墓が発掘され、そのなかから十二種類もの穀物が出土した。出土の回数や量から推測すると、当時の主要な作物は黍、麦、粟、稲、豆であった（洛陽区考古発掘隊、一九五九）。この結果は漢代の学者である趙岐の「五穀」についての解釈とほぼ一致している。

注目すべきは中原地域における稲作である。本来この地域は降水量が少なく、水稲の栽培にはあまり適していなかった。ところが漢代になると、中国北方では農業灌漑に井戸水が使われるようになった。じっさい、河南省の南部にある泌陽県からは農業灌漑用の井戸群が発掘されている（河南省文化局文物工作隊、一九五八）。そうした農業水利の発達によって、中原地域における稲作が可能になった。ただ、出土した墓は貴族や官吏のものが多く、米がはたしてどの程度普及していたかははなはだ疑問である。事実、当時は稲のほかに麦、黍、粟などほかの作物も多く栽培されていたから、米を食べない人口の方がむしろ多数を占めていただろう。

馬王堆古墳にみる食

中原地域に比べて、南方では稲作がさかんで、米食の普及度も高かった。一九七〇年代に、湖南省長沙市の近くで馬王堆《まおうたい》という大型の古墳が発掘された。紀元前二世紀頃に亡くなった三人の地方貴族の墓である。数多くの副葬品のなかに、食糧から調理済みの料理まで、さまざまな食品が含まれていた。漢代の食文化を推定するのに、重要な証拠と手がかりを提供した。

発掘された三つの墓のなかで、一号墓だけでも三十種以上の食品が発見されている。また、三号墓には四十もの竹箱に食品が入れられていた。食糧では稲、小麦、黍、粟、大豆、小豆、麻の実などがある。この点では右に触れた河南省洛陽の場合とほとんど違わない。小麦粉で作った「餅」についての報告がないから、当時小麦の粉食はまだ南方までは広まっていなかったようだ。

馬王堆漢墓にはそのほか多くの肉食品が副葬されている。畜類では牛、羊、豚、馬、犬、鹿、兎などが、骨の鑑定によって明らかにされている。鳥類では鶏、雉、鴨、鵝、雀から、雁、白鳥、鶴にいたるまで、十数種類含まれている。魚類はぜんぶ淡水魚で、鯉、鮒、桂魚などがある（何介鈞ほか、一九九二）。

それらの材料はすべて料理人によって調理されてから墓に入れられたもので、発掘されたときにはすでに原形をとどめていない。しかし、副葬品の竹簡の記載からその調理法がおおよそ推測できた。

肉類では味付けした干し肉と肉のあつものが竹簡に記録されている。そのほかおもな調理法は、炙《しゃ》（肉をあぶる）、膾《かい》（肉を細く切ってなますにする）、濯《たく》（肉を野菜スープのなかに入れて煮る）、熬《ごう》（干し上がるまで煎じる）、濡《じゅ》（煮込んでから、さらに汁を用いてかき混ぜる）などである（同右）。

なかでもあつものは多く、「醢羹《かいこう》」、「白羹《はくこう》」、「巾羹《きんこう》」、「葑羹《ほうこう》」、「苦羹《くこう》」の五種類にものぼる。「醢羹」とは干し肉を刻み、こうじと塩と酒で調味して作ったスープで、

「白羹」は米の粉と肉とをまぜて作ったものである。また「巾羹」はせりと肉、「葑羹」はかぶらの葉と肉、また「苦羹」はにが菜と肉をそれぞれ混ぜて作ったあつものである（同右）。使われた肉の種類によって、さらに「牛肉の醢羹」、「豚肉の白羹」などのように、さまざまなバージョンができあがる。それらのあつものは儀礼食ではあったが、あつものが料理のなかでなお主要な位置を占めていたことは先秦時代の食文化とほとんど変わらない。

魚は弱火であぶり乾かして、串で刺したのがややユニーク。はたして副葬のために特別に調理したのか、それとも日常的な食べ方だったのかは明らかではない。卵はそのまま副葬されていたので、当時どのようにして食べられていたかはわからない。

ほかの料理や調理法を見ると、ほとんどがそれまでの史書にすでに出てきた名称である。また、塩、醬（味噌）、蜂蜜、酒こうじ、酢などの調味料も以前から使われていた。ただ、どれも実物はほとんど腐っていたから、どのような分量でいかに配合して使われていたかははっきりしない。

野菜の温室栽培

漢代の桓寛《かんかん》はかつて『塩鉄論』という書物を書いた。古き良き時代の日常生活に比べて、漢代の人たちの生活がいかに腐敗し、堕落したかを論じたものである。作者の意図とは反対に、そうした議論から、漢代の日常生活に関する多くの事実を読み取ることができる。

「散不足」という章のなかで食文化の変化も取り上げられている。それによると、漢代はむかしより食生活が豊かになっただけでなく、食習慣も大きく変わったという（「むかし」とは周代を指していたらしい）。たとえば、むかしの人々は成熟した家畜類しか食べなかったが、漢代になると、食物にやわらかさが求められるようになり、子羊、子豚や幼鳥を食べるようになった。しかも、そうした嗜好はたいへん流行していた。また、むかしの人々は動植物の成長サイクルに気を配っていたが、漢代になると、それが無視され、春には繁殖期のガチョウを食べ、秋にはまだ未成熟の若鶏を食べてしまう。野菜も温室で栽培し、冬にもアオイやニラを食べていた。二千年前にすでに温室栽培があったと言うと、なにやら「白髪三千丈」式の誇張に聞こえるかもしれないが、じつはこれには確固とした証拠がある。漢の元帝の頃、つまり紀元前三〇年代に、皇帝の食事を司る役所「太官」の菜園では冬の間にもネギ・ニラなどの野菜を栽培し、これを屋根と囲いをつけて覆い、昼夜火を燃やして埋み火とし、気温を上げて生育を早めさせたという（『漢書』八十九巻「循吏列伝・召信臣」）。これは宮廷の話だが、『塩鉄論』に出てくるのは、民間で行われた温室栽培であった。

宴会食にも変化が起きた。『塩鉄論』「散不足」によると、むかし村の酒宴では年配の者の前にはご馳走を盛る皿がいくつも並べられたが、若者は味噌と肉料理一品だけ、みんな立ったまま飲んでいた。しかし漢代になると、客をもてなしたり結婚披露宴に客を招待したりするときには、豆のあつものと精白した粟、なますや調理した肉が出るようになった。宴会には骨付きの肉がたくさん並べられ、焼いたりあぶったりした食べ物がお膳いっぱいに出された。食材ではすっぽん、鯉、子鹿、魚の卵、鶉、河豚、八つ目鰻など多種多様にわたり、果物にはミカン、キンマなどがある。調味料にも塩辛、酢などさまざまなものがあった。

生活水準が高くなるにつれ、階層による食物の差も縮まった。かつて牛は諸侯たちが祭祀のときにしか用いなかったが、漢代になると、財力のある庶民も祭りに使うようになり、中流の人たちも以前士大夫が祭祀に使った牛や犬を殺して神を祭ったりする。むかし魚と豆しか祭祀に用いなかった貧しい人たちでさえも、鶏や豚を供えるようになった、と記述されている。

外食業の出現

漢代には外食業も誕生した。『塩鉄論』「散不足」は、外食の店の様子や売られていた食物について、次のように描いている。

むかしの人たちは調理した食物を売らず、市場では食事をしなかった。その後にも家畜を殺して売り、また酒や干し肉や魚や塩を売るだけであった。しかし、いまでは調理済みの食物を売る店や屋台が軒をつらね、（肉などの）料理がたくさん並べられている。（人々は）仕事をなまけるのに、食事はつねに旬の味を求める。

商業や手工業の発達にしたがって雇用人員が増加し、一方、都市の拡大は住居と勤務地との間の距離を遠くした。職業の細分化は外食業を成立させ、その発達を刺激し

図1　繁昌する外食業（後漢時代のレリーフ）

た。本来外食業は旅人を顧客とする商売であった。その後、定住者が享楽や社交のために利用するようになった。しかし、勤め人の外食は大きな出来事で、それは外食業の普及と巨大化を意味している。

四川省彭県の墳墓から後漢時代のレリーフが出土した。そこには当時の飲食業の繁昌ぶりが見事に描かれている（図1）。

販売された食物を見ると、さまざまな食材と多様な料理法がある。豚肉は火であぶり、ニラは卵といっしょに調理されている。犬肉は煮込んでから薄切りにし、馬肉はあつものにしていた。魚は鍋の底に油を流して軽く揚げ、レバーはゆでてから片状に切る。鶏はまず味噌でうま煮にし、冷ましてから皿に盛る。

また、羊は塩漬け、家畜の胃袋は干し肉、子羊は煮込みにする。豆は甘く調味し、ひな鳥や雁はあつものにする。そのほか、においのする干物、ユウガオ、上等な穀物、豚の丸焼きなども出てくる。

右にあげた料理からうかがえるように、町のなかのさまざまな飲食店、屋台や惣菜屋ではかなり多くの料理が作られ、一大外食市場を作り出していた。

現代と違い、漢代の食習慣では、ひとり一膳であった。この点では先秦時代と変わらない。靴を脱いで部屋に入り、ゴザの上で生活する漢代の人たちは、食事のときには「案」と呼ばれるお膳を使う。お膳の上に飯や料理を盛る椀と皿を置く（章扉参照）。食器には漆器が多く使われていた。また、漆器のしゃくと匕《さじ》があるのも注目に値する。しゃくは食物をすくい取るのに使われ、匕は飯を盛るのに使われていた。

【第三章】食卓のビッグバン——魏晋・六朝時代

現代の焼餅炉

1 「胡餅」の移り変わり

二千年まえの洋食――「胡餅」

史書の記述を手がかりに、粉食が広まる過程をたどっていくと、パン食が成立する時代がほぼ明らかになる。紀元前三〇年代に文献に出てくる「餅」はめん類であったことはすでに触れたが、パン類の「餅」、つまり平らで円形のパンが現れたのは漢の後期である。

形がピザやナンに似ている「餅」はもともと西域から伝わった食べ物で、なかでも代表的なのは「胡餅」と呼ばれた薄くて丸いパンである。『続漢書』によると、漢の霊帝は「胡餅」が好きで、洛陽の貴族の間ではかつて「胡餅」が大流行していたという。霊帝は好奇心が強く、遊牧民族の文化習慣にかなり心酔していた。そのことが漢王朝が少数民族に滅ぼされた前兆だとして、後世の書物のなかにしばしば取り上げられている。『続漢書』の記述もそのニュアンスで語られており、「胡餅」を好むことは異民族に精神的に降伏することだとされている。

しかし、この食べ物がどの民族から中原に伝わったかは明らかでない。小麦粉をこねて焼いたパンであることは知られているが、漢代の文献に作り方は見あたらない。漢の劉熙《りゅうき》『釈名』には、「胡餅」の上にゴマがあると書いてある。劉熙は後漢の末に亡くなったので、彼が生きていた時代に「胡餅」の上にゴマが撒かれていたことがうかがえる。しかし、それ以外はなにも知られていない。

パンを焼く「胡餅炉」

『斉民要術』「餅づくりの法」に「胡餅炉」ということばが出てくる。この「炉」で「髄餅《ずいへい》」というパンを作るときには、「裏返してはいけない」し、またこねた生地は「胡餅炉」のなかに入れて焼く、と書いてある。ところが、「胡餅炉」がどのようなものので、「髄餅」がどのような形をしているかは書かれていない。

現代中国に「芝麻焼餅《ジーマーシヤオビン》」という食物がある。小麦粉を発酵させ、細ネギを入れて焼き上げた平たいパンである。「芝麻」とは中国語でゴマの意味。パンの表面にゴマが撒いてあるので、「芝麻焼餅」と呼ばれている。こんがりと焼き上げた「芝麻焼餅」

は小麦粉の焼けた匂いとゴマの香ばしい香りがし、なかはやわらかく表面はぱりぱりしている。いまでも庶民に人気のある食べ物である。塩味と甘味の二とおりあるが、なぜかほとんどの場合朝しか食べない。『斉民要術』をよく読むと、「胡餅炉」のつくりは現代の「焼餅炉」にきわめて近いことがわかる。「芝麻焼餅」を焼く炉は外形がドラム缶に似ているが、なかは円錐形のようになっている。上部の口は小さく直径約三十センチ前後だが、底部は直径六十センチほどある（章扉参照）。炉の底部で石炭を燃やし、その熱で炉の内側が熱くなる仕組みである。「焼餅」の生地は「炉」の内側に貼り付けられ、パンの表がやや斜めに下方の火に向いている。結果として天火で焼かれることになる。このような焼き方は『斉民要術』の「髄餅」の焼き方とそっくりで、裏返してはいけない点も同じである。「髄餅」は「胡餅」の一種だと思われるから、六朝時代の「胡餅」は現在の「芝麻焼餅」にきわめて近いであろう。

史書のなかの「胡餅」

「胡餅」は漢代に現れたものの、各地に広まったのは後漢の末期から三国時代のはじめであろう。王粲《おうさん》の『英雄記』によると、後漢時代の将軍、呂布が兵を率いて乗氏城という町に進駐しようとしたとき、町の有力者である李叔節の弟が牛を殺し、酒をぶら下げ、一万枚もの「胡餅」を持って、進駐軍を歓待したという。パン食が広まり、しかも、「胡餅炉」がかなり普及していたからこそ、一度に大量の「胡餅」が作れたのであろう。

文化の中心地だけではない。稲作の地域にも「胡餅」は伝わった。『晋書』巻八十二「列伝五十二」には次のようなことが書かれている。王長文という人はたいへん学問があるが、行政府の任命にもかかわらず、任官を拒否し続けた。その後故郷を脱出し、成都に身を隠した。ある日、市中に座って「胡餅」を食べているところを人に目撃された。のちに王長文は両親を養うために、ついに初志を曲げ、太康年間(二八〇〜二八九年)に出仕することになった。当時、交通手段がかぎられていたため、蜀の成都は都の洛陽からはかなり遠い。にもかかわらず、「胡餅」は稲作地域である蜀にまで伝わっていた。

唐代になっても、「胡餅」はなお人々に広く好まれ、かつ日常的な食物のひとつになった。七五五年、安禄山が反乱を起こし、翌年、唐の玄宗は蜀に逃げた。途中、咸《かん》陽《よう》の集賢宮に到着したが、食べ物がなかった。昼頃になっても玄宗はまだ食事をとれない。『資治通鑑《しじつがん》』「玄宗記」によると、楊貴妃の再従兄《またいとこ》で宰相の楊国忠がみずから胡餅を買ってきて玄宗にさしあげたという。焼きパンがどこでも買える庶民の食べ物になっていた証拠である。

詩のなかの「胡餅」

七七二年に生まれ、八四六年に亡くなった白楽天はその詩「胡餅を寄せて楊万州に与う」のなかで、「胡餅」について次のように描いている。

胡麻餅様学京都、　この胡麻の餅は京都風につくられ、
麪脆油香新出炉。　炉から出したばかりだから、ぱりぱりに焼けて、油の匂いが香ばしい。
寄与飢嚵楊大使、　食べたがっている貴殿、楊刺史に贈り、
嘗看得似輔興無。　あなたのふるさとである輔興の胡餅の味に近いかどうか、味わってみてください。

「輔」つまり長安近郊の三つの地域、「興」は陝西省関中府略陽県のことである。焼きパンは地方によって風味が異なり、それぞれに特色があったことがわかる。九世紀の半ば頃長安を訪れた日本の僧侶円仁は『入唐求法巡礼行記《にっとうぐほうじゅんれいこうき》』のなかで、「当時胡餅がはやり、世俗でも同じだ」と記し、焼きパンが僧侶の間だけでなく、世俗の人々の間でも流行していたことを伝えている。漢末からすでに五百年ほど経過していたのに、この食物にはなおむかしのままの名称が使われていた。唐代では「胡」ということばにあまり軽蔑のニュアンスはなかったようだ。

2　主食の座へ

発酵法の登場

現代中国では、北方の主食が小麦粉で、南方の主食は米である。ところで、小麦の粉食はいつ中原地域に定着したのか。はっきりした年代はわからないが、史書の記録を見るかぎりでは、小麦の粉食はおそらく後漢のなかば頃から増えはじめ、三国時代に北方地域で定着したのであろう。粉食が主食になるには、パン類や饅頭のように発酵しているかどうかが前提条件となる。発酵した小麦粉の食品は消化によく、口当りもよい。それに比べて、めん類のように、未発酵で食べる粉食は主食になりにくい。

小麦粉の発酵がいつ発明されたかについてはまだ定説はない。二、三千年前にすでにあったという説もあるが（万陵、一九八六）、納得のいく根拠は示されていない。饅頭の起源についても、三国のとき諸葛孔明が孟獲に出征する際、人間の生首を祭祀に使う風習を改め、小麦粉の生地で牛肉、豚肉や羊肉を包んで蒸したという説がよく知られている（宋・高承『事物紀原』巻九）。これもしょせん俗説にすぎない。

『晋書』巻三十三「列伝三」によると、晋の宰相である何曾はぜいたくが好きで、車も服も豪華をきわめ、美食三昧は帝王に比べて優るとも劣らない。「蒸餅」（蒸しパン）は膨らんで表面が十文字に割れなければ食べないという。発酵していない小麦粉の食品は焼いても蒸しても膨らんで割れることはありえない。何曾が食べていたのはイースト菌を入れたパンであろう。彼は二七八年に八十歳で亡くなったから、紀元三世紀には発酵技術がすでに確立していた、と推測できる。

イースト製法の記録

めん類の発酵法がはっきりと記述されているのはそれよりやや後の東魏（五三四〜五五〇年）のときである。賈思勰《かしきよう》は『斉民要術』「食経の餅酵《しらかす》を作る法」のなかで発酵の手順を次のように記している。

酸漿《すゆれみず》一斗を粳じつめて七升とする。粳米一升を用い、漿をいれて火にかけ、手間をかけて粥を作るとおりにする。（西山武一ほか訳、一九六九。以下同）

酵母のもとである「酸漿《すゆれみず》」は粟か米を発酵させたものである。そのような液状のイーストの使い方について「六月時分は一石の麵《こむぎこ》を溲《こ》ねるには（酵を）二升いれ、冬時は四升をいれて作る」と説明している。『食経』に書かれているイーストの作り方と断っているから、発酵法はもう少しさかのぼるのであろう。残念なことに『食経』はすでに散佚し、成立年代も明らかではない。

さらにすゆれみずの作り方について次のように紹介されている。

三月、清明（節）の前夜に飯を炊《かし》ぐ。鶏が鳴きはじめると、熟れた熱飯を甕《かめ》のなかに下ろしてゆき、ほぼ満ちるところで止める。数日の後にはすっぱくなる。（中略）次いで三〜四日たつごとに新しく炊いた飯一椀を入れ二度かさねて醸す。漿を取るたびごとに、その多少に応じて、新しく汲んだ冷水を追加する。

これが現存する最古のイースト製法である。ところが問題がひとつ残る。じつはイーストにははるかに簡単な作り方がある。現在の中国の北方では一般にイーストは購入するのではなく、手作りするのがふつうである。作り方はきわめて簡単で、なんの技術もいらない。まず小麦粉を水でこねて、液状に近いやわらかい生地を作る。卵ぐらいの大きさの生地をそのまま数日置くと、なかの乳酸菌が自然発酵して酵母になる。この作り方は手間もコストもかからないのに、なぜか『斉民要術』では言及されない。逆に粟や米を使う難しい発酵法が紹介されている。理由は明らかではないが、おそらく誰でもできる方法は記録する価値がないと思われたのであろう。

祭壇に上ったパン類

粉食が魏晋のときに定着した証拠はもうひとつある。それは、小麦粉で作った食品が晋代に祭祀に用いられるようになったことである。漢代の史書には小麦粉の食品、たとえば「餅」が散見されるが、祭祀の供え物として使われた記録はまだ見あたらない。

ところが、晋代（二八〇～四二〇年）になると大きな変化が起きた。晋の盧諶《ろしん》『雑祭法』には、さまざまな小麦粉の食品が先祖の祭の供え物として記されている。この書物によると、春の祭祀には「饅頭」、「餳餅《とうへい》」、「髄餅《ずいへい》」、「牢丸《ろうがん》」などが用いられ、夏、秋、冬も同じである。ただ、夏にはほかに「乳餅《にゅうへい》」、冬の祭祀には「環餅《かんぺい》」（「白環餅《はくかんぺい》」となっている版本もある）も用いられる、とある（『玉函山房輯佚書』「経編礼記類」所収）。

民間だけではない。皇室の祭祀にも「餅」類が使われるようになった。『南斉書』巻九「志第一・礼上」によると、永明九年（四九一年）正月に、皇帝は太廟の四時祭をするよう詔し、亡き宣帝に「麪起餅《めんきへい》」と鴨のあつものを供えさせた。宣帝が生前それらの食べ物を好んだのが理由であったが、「餅」類を供える習俗がすでにあったということも原因のひとつであろう。ちなみに、「麪起餅」とは発酵した小麦粉の食品である。『南斉書』にあるこの記録は時代的に盧諶『雑祭法』よりやや遅れているが、「餅」類が民間の祭祀だけでなく、宮廷を含めたあらゆる階層の祭祀用として認められていたことがうかがえる。

さまざまな小麦粉食品

『雑祭法』に記された「餳餅」とは小麦粉をこねて作った甘い菓子。焼いたものか、蒸したものかは明らかではない。また、外形もはっきりしない。

「髄餅」の作り方については『斉民要術』巻九「餅づくりの法」のなかに詳細に記録されている。まず、牛の脊髄の脂肪と蜂蜜とを合わせて小麦粉に混ぜ、こねてから厚さ四、五分、直径六、七寸の大きさにする。それから、「胡餅炉」のなかで焼いて熟成させる。この種の餅は油がのっていて(口当たりがやわらかくて)おいしい、かつ日持ちがいい、とある。

「牢丸」は「牢九」とも言うが、現在の肉まんのようなものである。「乳餅」は乳製品だが、材料と製法は明らかではない。

『斉民要術』巻九「餅づくりの法」に「細環餅」という項目がある。蜂蜜と水で小麦粉をこねて作るが、蜂蜜がないときにはナツメを煮てその汁で代用してもよい、あるいは牛や羊の脂でもできるし、乳を使ってもよい、そうすればでき上がった「白環餅」は美味しくてぱりぱりする、と書いてある。ただ、具体的な調理の仕方については触れていない。「細環餅」は「環餅」と一文字違うが、おそらく同類の食品であろう。後世の文献によると、「環餅」はほかの「餅」類とは異なる。まず小麦粉をこね、細長いひも状にしてから、さらに束ねて油で揚げる。現在でも「饊子」とか「油饊子」と呼ばれて、長江の下流地域などで広く食べられている。

日本の『拾遺集』「巻七物名」四百十五番に「糫餅」が出てくる。「米や麦の粉を練って細く伸ばしたものを、種々の形に曲げ、油で揚げた菓子」と言われている（小町谷照彦、一九九〇）。おそらく大陸の「環餅」から来たのだろうが、中国では米の粉を使っていたかどうかはつまびらかではない。ただ、現代では米の粉をいっさい入れない。

供え物と主食の関係

祭祀に主食が用いられるのはどの文化にも共通している。神を祭るにしろ先祖を祭るにしろ、そもそも中国の祭祀は、土俗的な信仰対象あるいは神話的世界に対する敬虔さを通して、現前の秩序に対する絶対的な服従を求める性格がある。とりわけ、先祖祭祀の場合、日常的な序列関係は儀礼のなかでも尊重され、マナーや感情表現など平常の社会的規範はまったく破られることはない。たとえば、線香をあげる順序、身に着ける服飾、象徴的な動作など、いくぶん誇張された部分はあっても、常識の範囲を超えることはない。また、祭られた先祖は超越的な性格を帯びながらも、一時的に家族の一員として戻ってくる、という想定のもとで祭祀が行われている。だから、祭壇に供された食品は祭る人たちが日常的に食べているものでなければならないし、また実際、祭祀の後彼らはそうした食べ物を口にしていた。

神格を持つ亡き先祖に供え物を捧げることは、神と人間との関係を成立させる重要な手続きである。供え物がなければ人間と神のコミュニケーションは成り立たない。その意味でも人間にとってもっとも重要な食品を祭儀に供出するのが当然であろう。

事実、黍などの食糧は古くから祭祀に用いられていた。『礼記』にも白黍、黄黍を祭祀に用いるべきだという記述がある。しかし、小麦粉で作った多くの食品が祭壇に現れたのは、ずっと後である。それ以前にも小麦は栽培されていたが、祭祀には用いられなかった。粉食が食生活に浸透しただけでなく、祭祀において供え物の主役になったのは、小麦粉が共同体生活のなかで重要な位置を獲得し、また主食のひとつとして定着したからであろう。

主食の転換

同じく晋代の范汪《はんおう》の『祭典』のなかでも小麦粉の食品が祭祀に用いられるとしており、冬の祭事に「白環餅」を使うなど、『雑祭法』と一致している。

粒食から粉食へのそうした移り変わりについて、魏の董勛《とうくん》『問礼俗』には貴重な証言が残されている。問答のスタイルを取るこの書物のなかで、ある人が、七月七日は縁起のよい日だが、飲食が古代と違うのはなぜか、と聞いた。董勛は、七月には黍が実り、七日は奇数だから（黍の）粥を尊ぶ、いま北方の人々はただ「湯餅」すなわちラーメンを用意するだけで粥は見かけなくなった、と答えている。

董勛は、『玉函山房輯佚書』のなかでは魏（二二〇～二六五年）の時代の人となっているが、ほかに後漢（二五～二二〇年）の人という説もある。はっきりしたことはわからないが、紀元三世紀に生きていたことはほぼまちがいない。おそらく彼は粒食から粉食へと変わる過程を直接経験したのであろう。三五一年に大魏の皇帝である『雑祭法』を書いた晋代の盧諶は二八五年の生まれで、四世紀の前半に執筆されたもの冉閔《ぜんびん》によって処刑された。したがって、『雑祭法』は四世紀の前半に執筆されたものと推定できる。また、『祭典』を書いた范汪もやはり晋代の学者で、三〇一年に生まれ、三六五年に亡くなった。『祭典』の成立時期は『雑祭法』とほぼ同じである。いずれにしても紀元四世紀になると、小麦粉の食品が祭祀時の立派な供え物となった。祭祀と主食の関係を考えると、小麦粉が中国の北方で主食のひとつになったのはそれよりさらに少し前であろう。

3 遊牧民族から来た料理

羊肉のむらしやき

三国、六朝時代に中原地域に伝わった「胡食」はかなり多い（呂一飛、一九九四）。外来の料理とされなかったものや、記録されなかったものも少なくないが、それでも

『斉民要術』に北方民族から伝わってきた料理と明記されているものだけで、五、六種あげられる。

『斉民要術』巻八「蒸《むし》・缹《むしやき》の法」のなかに、「胡炮肉」（羊肉の蒸らし焼き）の作り方を次のように説明している。

肥えた白羊の肉、それも生まれてやっと一年になるのを殺して、すぐなまのまま細い葉のように糸切りにし、脂も一緒に切る。浜納豆（原文では「豉」。大豆を発酵させたもので、調味料のかわりにする）の粒と、塩、ちぎったネギの白根、ショウガ、山椒、ヒハツ（胡椒に似た香辛料）、胡椒などで味を調える。羊の胃袋をきれいに洗い、おもてと裏を逆にする。切った肉と脂を胃袋のなかに詰め、ほぼ満杯になると、縫い合わせる。（地面に）穴を掘り、火を燃やして土が赤くなると、灰を取り出す。肉を詰めた羊の胃袋を穴のなかに入れ、灰で覆い、その上でさらに火を燃やす。一石の米が炊きあがるぐらいの時間で（料理が）できあがる。

この料理はきわめて香ばしくておいしく、煮物や一般の焼肉の比ではないという。『斉民要術』ではとくに異民族からきた料理とは説明していない。しかし当時、「胡」という修飾語がついたものはほとんどぜんぶ、西域か北方民族と関係がある。このような用語の習慣を考えると、「胡炮肉」はやはり異民族からきた焼肉という意味であろう。さらに、調理法もひとつの傍証である。この「胡炮肉」を作るのに、鍋はいっさい使わない。定住生活を送る中原地域ではこのような食べ方はおそらく思いつかないであろうし、また、その必要もなかった。遊牧生活でなければ発見できない調理法である。

現代中国にはこの料理法は伝わっておらず、わたしもじっさい口にしたことはない。しかし、似た料理法はある。もっとも典型的なのは「乞食鶏《こじきどり》」。鶏を蓮の葉で包み、その外側から泥を塗り、まるごと焼いた料理である。杭州の名物料理のひとつだが、もとをたどれば、異民族から伝わった料理の南方バージョンかもしれない。

えびすのあつもの

あつものは中国のもっとも古い料理のひとつ。宴会や祝祭日の食事に欠かせないだけでなく、先秦時代には祭祀のときに必ず供える代表的な料理でもある。さまざまなあつものの作り方を紹介する『斉民要術』巻八第七十六のなかに、「胡羹」(えびすのあつもの)という料理名が出てきて、詳しい調理法も紹介されている。「胡」とは当然「えびす」つまり異民族を意味している。ほかの料理は「鴨のあつもの」、「鶏のあつもの」、「兎のあつもの」といったように食材名が使われているなかで、「胡羹」と「羌煮《えびすに》」だけはちがう命名法をしている。当時では伝来してきたばかりの、新しい料理であろう。

「胡羹」の主材料は羊の肉。羊のロース六斤（北魏では、一斤約四四〇グラム）、羊肉四斤に水四升を入れて煮る。火が通ったら、ロースを取り出して切り、「葱頭」を一斤、香菜（コエンドロ）一両（約二七・五グラム）、ザクロのジュースを数合入れ、味付けをして出来上がり。「葱頭」は、ネギと見る説と、タマネギと見る説とに分かれている。

この料理の命名法や使われている「葱頭」の量から見ると、少なくともこの「葱頭」はふつうのネギではないことがわかる。というのは、たんに羊の肉のあつものなら、以前にもあったからだ。たとえば『戦国策』「中山策」には「羊羹」ということばがあり、古くから羊肉をあつものにして食べていた。「胡羹」の調理法を見ても、とりわけ変わったところがあるわけではない。『斉民要術』でわざわざほかの民族から伝来したあつものとしたのは、やはり羊肉を、ちがう野菜や新しい薬味と、これまでになかった組み合わせ方をしたからであろう。

「胡羹」の材料を見ると、香辛料として「香菜」が含まれている。原文では「胡荽」とあるように、もともと西域から伝わった野菜である。また、『博物誌』によると、ザクロ（安石榴）も西域から来た果物である。しかし、香菜やザクロが使われているだけで、異民族から伝わった新しい料理と見なされたとは考えられない。

注目すべきは羊肉四キロに対し、「葱頭」が〇・五キロ近くも使われていることである（ちなみに前後の文では「葱頭」の単位は「斤」ではなく、ぜんぶ「升」であった）。多少でも料理ができる人ならみな知っているが、このぐらいの量を使うなら、「葱頭」はもはや薬味としてではなく、野菜として用いられているはずだ。もしかするとタマネギかもしれない。いずれにしてもこの料理では新しい野菜か、さもなければそれまでにない組み合わせで羊肉と一緒に調理しているから、外来の料理として紹介されたのであろう。

鹿の頭のえびす煮

「羌煮」（鹿の頭のえびす煮）の主材料は鹿の頭と豚肉である。まず、鹿の頭をゆでて、煮えたら水のなかに入れて洗い、二本の指の大きさの切り身にする。豚肉はひき肉状に切って、鹿の頭の肉と混ぜてあつものにする。ネギの白根を二寸ほど切り、みじん切りにしたショウガとミカンの皮をそれぞれ半合、山椒、酢、塩と浜納豆を適当に入れれば出来上がり。鹿の頭一個につき豚肉二斤を使う。

『晋書』巻二十七「志第十七・五行上」によると、この料理は一時都でたいへんはやったという。好まれた理由は、おそらく二つある。ひとつは材料のめずらしさと新しい調理法。鹿の肉なら中原地域でもかつて食べていたはずだ。しかし、それまでは鹿の頭を「羌煮」のようにはおいしく調理できなかったであろう。羌族から伝わったこの料理は鹿の頭を珍味にした。

特権階級の生活をまねできる階層が登場したのが、「流行」のもうひとつの理由であろう。鹿の頭は食材として量がかぎられており、かつ「羌煮」をつくるには手間がかかる。裏返して言えばこの料理を食べるのはステイタスの象徴でもある。現代人がツバメの巣やフカヒレの姿煮を食べたがっているのと同じように、当時の人々もぜいたくの象徴として「羌煮」を賞味していたのであろう。

えびすいい

前にあげたのが料理法なら、食事法として伝わったものもあった。「胡飯」(えびすいい)がその典型例。作り方は『斉民要術』に紹介されている。

酸っぱいキュウリの漬け物を長細く切り、焼いた豚肉の脂身や生の野菜とともに、「餅」つまり薄く焼いたパンにくるんで、しっかりと巻く。二本を並べ、三つに切って、六本にする。一本の長さは二寸を超えない。食べるときには「飄齏《ひょうせい》」という薬味入りのたれをつける。「飄齏」とは、みじん切りにした「胡芹《こきん》」と「蓼」を酢のなかに入れて作ったものである。「胡芹」については「ハマゼリ」「ヤブセリ」などの説があるが、「野茴香《やういきよう》」という別名もある(『本草綱目』)。おそらくパセリの一種であろう。「胡」という字から見られるように、これも西域から伝わった薬味である。

「胡飯」は後漢の末期、一六八年から一八九年の間にすでに中原地域に伝わっていた。漢の霊帝はこの食物が大好きだった、と史書には記されている。めん類を食べるときに、酢をつけるのは消化によいという。いまでも中国では発酵させないめん類やギョウザ、「餅」を食べるとき、よく酢をつける。そのことから推測すると、「胡飯」の薄いパンは発酵していなかったのであろう。

興味深いことに「胡飯」はいまでも日常的な食べ物である。巻き方や中身は変わり、また、地域によって異なるが、小麦粉で薄いパンをつくり、そのなかになにかを巻いて食べるという点では変わっていない。北京ダックの食べ方もその名残であろう。

立春の日に北京の庶民は「春餅」と呼ばれるきわめて薄いパンを食べる習慣がある。好みによって、さまざまな肉類や野菜を入れ、巻いてから食べる。発酵させない「烙餅《ラオビン》」も外形は似ている。北方だけでなく、上海など南方の都市にも似たような食べ物がある。小麦粉に水を入れ、どろどろの状態に調合する。フライパンに油を引いて、調合した小麦粉を入れて、薄く焼き上げる。これに味噌をつけ、揚げパン（油条）を中に入れて巻いて食べる。庶民の朝の食べ物である。

牛か羊の丸焼き

「貊炙《ばくせき》」（牛か羊の丸焼き）は「羌煮」とともに魏晋のときに中原地域に伝わった「洋食」のひとつである。『塩鉄論』「散不足」にすでに見られるが、『晋書』巻二十七「志第十七・五行上」によると、この料理は一時たいへんもてはやされ、貴族や官吏から庶民にいたるまで、好んで食べたという。ただ、詳しい作り方については記録がない。『釈名』にはただ「(羊を)丸ごと焼いて、それぞれナイフで切って食べる。異民族の貊《ばく》族から来た(料理だ)」と記録されているだけである。「炙る」という料理法が古くからあったためか、六朝時代になると、あまり外来の料理として意識されなかったようだ。『斉民要術』巻九第八十「炙りものの法」という章には多くの焼き肉類の料理法が紹介されているが、どれも異民族の料理としては扱われていない。牛の背肉焼きも、羊、豚、鵞鳥、鴨の切身焼きもすべてそうである。また、「貊炙」の作り方の紹介はない。料理法が簡単で紹介する必要がなかったからなのか、それともブームがすでに去ったからなのかはわからない。

現在では広東料理となっている子豚の丸焼きは『斉民要術』に出てくる。かつて北方にあった料理が、北方では消えてしまったのに、南方でかえって定着し、しかも南方の名物料理として伝わっているのはまことに不思議なことである。

漢民族に伝わった異民族の食文化は、そのまま吸収されたものもあるし、長い歳月のなかで異化し、あるいは淘汰されたものもある。現在でも残っている食物には「胡餅」(焼きパン)、「胡飯」(薄いパンで料理を包んだ食物)などがある。一方、「羌煮」や「胡羹」は料理としては消えてしまい、調理法は形を変えて後世の食生活に取り込まれている。

日本では焼き魚が日常的な料理の一つである。しかし、現代中国のほとんどの地域では食べないし、ましてや料理屋のメニューにはまったく見当たらない。ところが、古代中国はそうではなかった。『斉民要術』巻九第八十「炙りものの法」には焼き魚の調理法が詳細に紹介されている。魚の丸焼き、串焼きや切身焼きだけでなく、鴨の肉を魚の腹中に詰めて焼くなど、複雑な調理法もあった。いつの間にか、焼き魚は食卓から消えてしまった。その理由は詳らかではない。肉の串焼きもまた同じだ。現代中国では、家庭料理にも料理屋にも串焼きというものはない。羊肉の串焼きは立派な「中華料理」だったのに、いまや新疆ヴィーグル族の料理として食されている。『斉民要術』にさまざまな串焼きが紹介されていることはすっかり忘れられてしまった。長い歴史のなかで、異民族の料理を取り入れる一方、従来ある調理法が姿を消したのは興味深い。

【第四章】

犬肉を食うべきか食わざるべきか——隋唐時代

唐代の結婚の宴会（楡林25窟壁画）

1 犬食いの風習の変遷と東西交流

消えた犬肉

唐代の韋巨源の手になる『食譜』には「焼尾宴」という豪華な宴会のメニューが出てくる。ただ、すべての料理ではなく、当時ではめずらしいものだけ、五十七品目の名があげられている。具体的な調理法は示されていないが、列挙された料理名から、どのような材料が使われているかはほぼ見当がつく。肉料理では鶏肉、羊肉、豚肉、牛肉の料理のほか、驢馬の蒸しもの、兎のあつもの、鹿の舌の焼き肉、鶉の焼き肉から、狸、家鴨《あひる》、蛙の料理まで多種多様にわたる。ところが、なぜか犬肉の料理は見あたらない。たまたま漏れたのか、それとも料理名がわからないからなのか。それを検証するためには、同時代のほかの書物を見なければならない。

唐の段成式『酉陽雑俎《ゆうようざつそ》』巻七「酒食」には料理や菓子を含めて百二十七種の食物があげられている。『食譜』と同じように豚肉、牛肉、羊肉などで作った料理のほか、熊肉の蒸しもの、オランウータンの唇、アナグマの焼き肉のようなゲテモノまでそろっている。しかし、やはり犬肉はどこにも見あたらない。

『酉陽雑俎』は料理の本ではないから、料理名をあげるときに偏りがあるかもしれない。だとすれば、ややさかのぼって、多くの料理と調理法を記録した『斉民要術』を見る必要がある。

『斉民要術』巻九第八十一には犬肉料理がたしかに記録されていた。

それによると、「犬牒《けんちょう》」と呼ばれたこの料理はだいたい次のように作る。犬肉三十斤（一斤は約四四〇グラム）に小麦六升、濁り酒六升を入れて煮る。沸騰すると湯を捨て、これを三回繰り返す。さらに小麦と濁り酒をそれぞれ三升入れて煮る。肉が骨から離れたら（細かく）切る。肉をくるむように、卵三十個を肉のなかに入れる。陶器の蒸し器のなかで蒸して、卵を干上がらせる。蒸し上がったら、うえから重石をしておく。一夜したら食べられるようになる。

ところが、『斉民要術』の記述には不可解なところがある。農作物の栽培法や家畜の飼育法だけでなく、おびただしい料理とさまざまな調理法、食物の加工法を詳細にわたって記しているのに、犬肉の料理は右の一品しか出てこない。しかも、それはすでに散逸した『食経』に載っている料理についての紹介である。つまり、古い料理の本にあったが、いまでは知られていないので、再録したというに過ぎない。ほかの肉類については、たとえば「鶏のあつもの」や「蒸し羊」あるいは牛、鹿のつけやきなど、ごくふつうの料理を紹介しているのに、なぜか、犬肉については完璧に欠如している。『斉民要術』のなかに記されている肉類の加工および調理の用例のなかで、もっとも多いのは豚肉と羊肉であり、それぞれ三十七例と三十一例もある（熊代幸雄、一九六九）。それに比べて犬肉は極端に少ない。いままでまったく気づかれていないことだが、中国文化史上のひとつの謎である。

犬は新石器時代から家畜

やはり、犬食いの歴史を振り返らなければならない。

中国では古くから犬食いの習慣があった。考古学の発掘によると、新石器時代の遺跡から多くの犬の骨が発見されている。中原つまり黄河中流の流域だけでなく、黄河の上流から、長江中・下流の地域にいたるまで、広く見られた現象である。しかも、いずれの場合も犬は家畜として飼育されていた。

およそ紀元前四五〇〇年から前二五〇〇年まで、約二千年続いた仰韶《ヤンシャオ》文化は黄河中流の流域に位置していた。その遺跡から猪、犬、豚、羊、牛などの骨が出土しているが、家畜と認められるのは豚と犬だけである（中国社会科学院考古研究所、一九九〇）。仰韶文化のあとを継ぎ、紀元前二三〇〇年から前一八〇〇年まで約五百年の間つづいた竜山《ロンシャン》文化になると、飼育された家畜が増え、牛、羊、山羊も加わるようになる（同右）。黄河上流の地域では、馬家窯《マージャーヤオ》文化（前三一〇〇～前二七〇〇年）の遺跡から牛、羊、豚や犬の骨が出土した。ただ飼育は確認されていない。次の時代の斉《チー》家《ジャー》文化（前二〇五〇±一五五～前一九一五±一五五年）になると、豚、犬、羊、牛、馬が飼育されていたことが判明している（同右）。

長江流域を見ると、浙江省寧波、紹興一帯の平原に分布している河姆渡《ホームート》文化はおよそ紀元前四四〇〇年から前三三〇〇年の間つづいたが（同右）、その遺跡からも「豚、犬の二種の家畜の骨がよく発見された」（同右）。紀元前三一〇〇年から前二二〇〇年までつづいた良渚《リャンチュ》文化になると、農業が発達し、家畜にも水牛、羊が現れるようになる。南北を問わず、犬は新石器時代には家畜として広い地域で飼育されていたのである。

むろん、犬が家畜になったからといって、必ずしも食用にされるとは限らない。しかし、新石器時代に出土した家畜の骨の頻度を種類別に比較すると、犬が上位に入ることがわかっている。内モンゴル、東北、華北、西北、華南などの地域で出土した豚、羊、牛、犬、馬、山羊、鶏などの動物のなかで、もっとも多いのは豚で七十三カ所の遺跡から出土している。つづいて羊は五十九カ所、三位の牛は五十七カ所、犬は第四位を占め、五十カ所に達している（横田禎昭、一九八三）。そのなかには家畜化される以前の羊や牛も含まれているから、家畜だけをとりあげれば、犬の占める比重はさらにあがる。もともと、犬は羊や牛のように、放牧方式での大量飼育には向かない。にもかかわらず、広い地域に多数の犬の骨が出土しているのは、やはり肉として多く消費されていたとしか考えられない。

史実のなかの犬食い

春秋戦国時代のあと、歴史や年中行事が記録されるようになるので、さまざまな文献から犬食いの事実が確認できるようになる。

『礼記』「月令」には、陰陽五行説にもとづいて、皇帝の服飾と飲食を規定している。

その七月の項には、「天子は白衣を着、白玉を佩《お》び、主として麻の実と犬肉を食べる。食器は角型で深い作りの物」(竹内照夫訳注、一九七一)とある。犬肉が君主の儀礼食として供されていたことがわかる。

犬肉は古くから祭祀の犠牲としても使われていた。古代中国語の「献」という字は「犬を宗廟に供える」という意味であった、そのために「犬」旁《つくり》が用いられている、と『説文』のなかに記されている。『礼記』「月令」のなかに、皇帝の八月の行事の一環として祭祀のことが記されている。「犬を以て麻を嘗《な》め、先ず寝廟に薦《すす》む」。つまり、「犬の肉を副えて麻の実を食べるが、まず宗廟に供える」という意味である。皇帝が祖廟で先祖を祀るときに、犬を秋の犠牲にして、麻の実を収穫した作物の象徴として供えていた。

このような祭祀法は権力中枢の宗教儀礼だけでなく、民間の祖先崇拝にも見られる。『国語』「楚語上」に「士《し》は豚犬《とんけん》の奠《てん》有り、庶人《しよじん》は魚炙《ぎよしや》の薦《せん》有り……珍異を羞《すす》めず、庶修を陳《つら》ねず」という言葉がある。つまり、祭祀のときに、士は豚と犬を供え、庶民は魚を供える……、めずらしいものは供えないし、たくさんの供え物を並べることもしない、という意味である。家廟での祭祀や、亡くなった肉親を祭るときの心得だが、犬肉は豚肉と同じように、めずらしいものの部類に入らなかったことがうかがえる。

祭祀に供えられる食物は、祭りが終わったあと、祭る側の人が口にすることについてはすでに触れたが、犬肉の場合も例外ではない。いや、むしろ、犬肉は代表的な肉類であり、日常的によく口にする食物と見なされていたからこそ、祭祀に供えられるようになったのであろう。

『周礼』「天官」に「八珍」という名物料理が出てくる。めずらしい食材でつくった八品目の高級料理だが、そのなかに「肝膋《かんりよう》」という料理がある。『礼記』「内則」によると、これは、犬の肝臓を豚の網油で包み、焦がすほど火で炙った珍味である。犬が重要な食材であり、祭祀の必需品でもあったので、宮廷には犬を飼育し、祭祀に犬を提供する専門職も設けられた。『周礼』「秋官」によると、その官職は「犬人」と呼ばれたという。

宮廷だけでなく、民間でも犬は動物性蛋白質として重要な栄養源であった。『孟子』には「鶏豕狗彘《けいとんこうてい》の畜、其の時を失《やしな》うこと無くんば、七十の者以て肉を食《くら》うべし」ということばがある。鶏肉も豚肉も犬肉もみな貴重な食物で、犬肉の序列はかなり上に位置していたことがわかる。

犬肉がおいしく、上等な食物と思われた証拠に、祝賀の贈り物に犬肉が用いられたことがあげられる。『国語』「越語」に、越王句践《こうせん》が戦いに敗れたあと、いかに内政に力を入れ、福祉を充実したかが記されている。そのなかに「将《まさ》に免《べん》せんとする者は以て告げ、公医之《こういこれ》を守り、丈夫《じょうぶ》を生めば、二壺酒《にこしゅ》、一犬《いっけん》、女子《じょし》を生めば、二壺酒、一豚《いっとん》あり」（大野峻訳、一九七八）ということばがある。つまり、出産の近い者は申し出ると、国家の医師がつき、もし男の子が生まれれば、二壺の酒と一匹の犬を与えて祝い、女の子が生まれれば、二壺の酒と一匹の豚を与えて祝う。犬肉は酒、豚などと同じように、高級食品と見なされていた。さらに、当時、女の子よりも男の子が喜ばれていたことを考えると、越の国が位置していた長江流域では、犬が豚よりも重んじられていたことがわかる。じつに興味深いことである。

「狗屠」という専門職

戦国時代には「狗屠」（「犬殺し」の意）という職業があった。犬の肉がよく食べられていたからこそ、専門職として成り立ったのであろう。

『史記』「刺客列伝」に、秦の始皇帝の暗殺を試みたことでのちに名を馳せた荊軻《けいか》のことが描かれている。ある日、荊軻は燕国に旅に来て、燕の「狗屠」（姓名は不明）と筑《ちく》（琴に似た楽器）ひきの名手高漸離が気にいった。荊軻は酒が好きで、日ごとに彼らといっしょに燕の街で酒を飲む。酒の興が高まると、街のまん中で、高漸離が筑をうちならし、荊軻はそれにあわせて歌い楽しんだが、やがていっしょに泣き出し、そばに人無きがごときありさまであった（小川環樹ほか訳、一九七五）。戦国時代には職業として成り立つほど、犬食いは日常的なことであった。

『戦国策』「韓策」には刺客である聶政《しょうせい》のことが書かれている。ある人が、聶政に政敵の暗殺を依頼しようとして大金を贈った。しかし聶政は、「臣に老母有り、家貧しく、客游して以て狗屠を為し、旦夕に甘脆を得て、以て親を養う可し」、つまり、自分には年取った母がいて、家は貧しく、よその地から来て「狗屠」を生業としているが、朝夕、おいしい肉が買えて、それで親を養うことができている、と言って婉曲に断った。「狗屠」は卑しい職業ではあったが、それでもそこそこの収入は得られた。

秦の始皇帝が中国を統一してからも、犬食いの風習は衰えを見せない。漢の高祖劉邦のもとに勇猛な武将がいる。名を樊噲《はんかい》という。彼は劉邦の軍隊に入る前、「狗屠」を業としていた（『漢書』巻四十一）。漢代になっても、なおれっきとした職業として成り立っていたのであった。

犬を管理する官職も戦国時代にひきつづき漢代でも依然として設けられていた。ただ、名前が変わり、「狗中」あるいは「狗監」という。『史記』「佞幸列伝」によると、李延年という人が罪をおかして去勢の刑に処せられ、「狗監」つまり皇帝の猟犬か祭祀用の犬を管理する役所につとめていた、という。

犬食いがタブーに

六朝になると、大きな変化が起きた。任昉《じんぽう》（四六〇～五〇八年）が書いた『述異記』のなかに注目すべき物語がある。

六朝の宋の元嘉年間（四二四～四五三年）呉県に石玄度という人がいた。家に黄色い犬を飼っていたが、ある日その犬が白い雄の子犬を生んだ。石玄度の母親は異常なぐらい子犬をかわいがっていた。やがて子犬は大きく育ち、猟につれていけるようになった。犬が主人について猟に出かけると、石玄度の母親はいつも玄関の外に立って、犬の帰りを待っていた。ある日、石玄度の持病が悪化し、医者に診察してもらった。医者が出した処方箋を見ると、白い犬の肺と書いてあった。市場に行って買おうとしたが、どこにも売っていない。しかたなく家で飼っていた白い犬を殺した。ところが、石玄度の母親は犬の殺された場所で、跳んだりはねたりして号泣し、倒れてはまた起きて騒ぐありさまであった。こうした状態が数日もつづいた。石玄度は犬の肺を薬に使い、犬肉はお客さんを誘って一緒に食べた。石の母は捨てられた骨をいちいち拾い上げ、全部集めると、裏庭の大きな桑の木の下に埋めた。それから一カ月の間、毎日、木に向かって犬の名前を呼んでいた。一方、石玄度の病気はいよいよ悪化し、とうとう死んでしまった。臨終のとき、犬の肺はまったく効かず、犬を殺すべきではなかったと何度も言った。これを目撃した弟の石法度はそれから一生犬の肉を食べなかった。犬を食べてはいけない、そうしないと罰があたる。明らかに漢民族文化のなかに新しい動物観、それまでになかった食習慣が現れた。問題はそれはどこから来たのかということである。

説話のなかの新しい動物イメージは現実生活とまったくかかわりなく、突然現れたのではない。六朝の小説は荒唐無稽なように見えるが、著述者はしばしば真実を記すつもりで、さまざまな伝聞や不可解な現象を書き留めていた。奇怪な出来事を記述する志怪小説とはいえ、犬食いの文化のなかで、こうしたイメージの逆転はやはりそれなりの理由があるはずだ。

事実、六朝前後から、日常生活のなかで犬が可愛がられるようになった。『三国志』巻四十八「孫皓伝」の注に引用された『江表伝』によると、何定という人が孫皓に取り入るため、立派な犬を献上するよう将校たちに命じた。将校たちはみな千里の遠くへ犬を買い求めに出かけていったという。彼らが買ってきた犬は、一匹の値段が絹数千疋にあたるものもあり、犬につけるひもまで一万銭もするという。また、一匹の犬の面倒を見るために、ひとりの兵士が配されていたほどであった。犬は一躍貴重なペットとなった。むろん、犬をペットとして飼う習慣が以前にもなかったわけではない。『戦国策』「斉巻」に、孟嘗君の宮中では「珍宝を積み、狗馬は外厩に満ち、美人は下陳に充てり」ということばがある。一方、『礼記』「曲礼上」には、「犬馬は堂に上げず」という礼の規定もある。しかし、孫皓、あるいは彼に取り入ろうとする部下たちがペットの飼育にかけた情熱にはかつて見られないものがあった。やはり何か中国文化に変化が起きたとしか考えられない。

騎馬民族の犬好き

後漢が崩壊したあと、中原地域は大混乱に陥り、内戦がつづいた。その機会を利用して、徐々に勢力を拡大したのは鮮卑《せんぴ》族である。晋が滅びると、彼らは中国の北方を統一し、北魏政権を樹立した。その支配範囲は現在の山西、河北、山東、河南、陝西、甘粛、遼寧、および四川、湖北、安徽、江蘇の一部分に及んでいる。遊牧民族である鮮卑族は狩猟用に犬を飼っていたから、習慣として犬を食用にしない。

『北史』巻五十二「斉宗室諸王下」に南陽王である高綽《こうしやく》の伝が記されている。高綽は「波斯狗」が大好きで、ある日子供を抱いた女性が通り過ぎるのを見るや、子供を奪って「波斯狗」に食べさせた。女性は声をあげて泣いたので、高綽は犬に女性に噛みつかせようとしたが、犬は飼い主の命令を聞かない。そこで高綽が女の身体に子供の血を塗ると、ようやく犬は女性に噛みつき、食べてしまった。

「波斯狗」は直訳すれば「ペルシア犬」だが、はたしてペルシアとどのような関係にあるかは不明である。西域から来たことはまちがいなかろう。『大漢和辞典』では「波斯狗」を「ちん（狆）」と解釈しているが、明らかに誤解である。「ちん」は中国原産の小型の犬で、大人どころか、子供を食べることも考えられない。生きた大人を嚙み殺してしまうくらいだから、かなり体の大きい犬であったにちがいない。

北斉の後主である高緯も「ペルシア犬」を寵愛しており、『北斉書』巻五十には「猶、波斯狗を以て儀同、郡君と為す」ということばがある。つまり、高緯はとても犬をかわいがっていたので、雄の「ペルシア犬」には最高の役職に相当する爵位を与え、雌の「ペルシア犬」には女性の最高爵位を賜った。

北斉の皇帝は渤海《ぼっかい》人と史書に書かれているが、長く北方に定住し、風俗習慣などでは鮮卑族とまったく同じである（『北斉書』巻一）。遊牧民族である鮮卑族の人々が、犬に対し特別な感情を抱いていたのはごくあたり前のことである。北斉の皇帝高緯や、南陽王の高綽らが異常なまでに犬が好きであったのも不思議なことではない。

肉食からペットへ

鮮卑族だけでなく、中国の西北地域にいたほかの狩猟民族もこの点においては共通している。遊牧民の彼らにとって、犬は生産道具であり、友人でもある。犬を食べることは想像もできない野蛮な行為であろう。そのことは祭祀の供え物からも見ることができる。たとえば、突厥《とっけつ》族の人たちが天を祭るときには羊と馬を犠牲として供えることがあるが（『隋書』巻八十四「突厥伝」）、犬を供え物にはしない。突厥の古い伝説によると、彼らはオオカミの子孫で、またじっさいオオカミをトーテムとしていた（同右）。彼らがオオカミと親戚関係にある犬を食べるはずはない。

六朝から唐にいたるまでの間、突厥族、羌《きよう》族、氐《てい》族、烏孫《うそん》族およびその他の西域民族は、漢民族との間に盛んな交流があり、少数民族政権の樹立とともに、多くの異民族の人たちが内地に移住した。漢民族が犬を食べるという風習は、彼らにとって許せない背徳であろう。漢民族文化圏への移住を通して、彼らが犬好きの風習を中国に持ち込んだのは想像に難くない。ことに彼らが支配民族として中国の北方に君臨していた間、犬食いを嫌悪する風潮が漢民族文化に大きな影響を与えたにちがいない。

ちょうど同じ時期に、インド仏教が中国に伝わった。北方の騎馬民族政権である北魏の初代皇帝は仏教の熱心な信者として知られている。殺生を戒める仏教には犬肉はもちろん、すべての肉類を食べてはいけないという戒律がある。仏教が漢民族の間に広まったとき、支配民族に嫌われた犬食いがまっさきに禁止されてしまったのであろう。

唐代の孟詵《もうせん》には『食療本草』という本がある。食物が薬としてどのような効用があるかを説明する書物だが、そのなかに犬肉の名が出てくる。ところが、作者はそのなかで、不思議なことに、最近の人々が犬肉の調理法を知らないと嘆いている。太った犬は血もおいしいから、捨ててはいけないのに、いまの人たちは犬を食べるときに血を捨ててしまう、これでは薬効がないと言う。一般の庶民が犬の食べ方を忘れたぐらいだから、犬を食べる人口は激減していたのであろう。

また、犬を食べるのに、さまざまな禁忌も生まれた。『食療本草』によると、犬肉を焼いて食べてはいけないし、ニンニクといっしょに食べてもいけない、痩せた犬は食用に向かないし、妊婦も犬を食べてはいけない、また、九月に犬を食べると健康を損なう、などと記されている。

じっさい犬を食べることは蔑まれるようになった。『酉陽雑俎』続集巻一に李和子というならず者の話がある。「李和子は性質が残忍で、他人の犬や猫を盗んで食べてしまい、町の厄介者であった」とある。犬を食べることは「残忍」と見られるようになった。それだけでなく、李和子は犬肉と猫肉を食べたために閻魔に召されてしまい、命を落とすはめになる。多分に仏教的なにおいがするこの説話では、犬食いは因果応報を説く素材として語られるようになった。

そうしたことを考えると、唐代の料理書に犬肉がでてこないのは不思議ではない。むしろ、六朝から唐にいたるまでの間に、犬食いの風習が大きく変わったことがうかがえる。むろん、唐代に中国のすべての地域で犬肉をまったく食べなくなった、とは言い切れないかもしれない。しかし、犬肉が料理文化の中心からすでに追い出されていたことはまちがいない。そのあとの度重なる戦乱のなかで、南へ南へと逃亡していった漢民族によって犬食いは南方に持ち込まれ、のちに広東の地で定着した。

犬肉は健康に悪い

宋になっても犬食いの旧習は衰退の一途をたどった。どの料理書をひもといても犬料理は出てこない。精進料理を紹介する陳達叟の『本心斎蔬食譜』はもちろん、林洪『山家清供』、呉氏『中饋録《ちゆうきろく》』や司膳内人『玉食批』にも見あたらない。さかのぼれば唐の楊曄『膳夫録』に出てくる「八珍」は『周礼』にすでに見られる料理を再収録したに過ぎず、じっさいに食べられていた料理ではない。だから、料理名はあっても、料理法にはまったくふれられていない。また、『東京夢華録《とうけいむかろく》』には数々の料理名が出てくるが、犬料理はやはりどこにも見あたらない。

元はモンゴル族の王朝で、遊牧民族の彼らが犬を食べなかったことは想像に難くない。かりに宋代に犬食いの風習がまだ残るところがあったとしても、元代になると、さらに打撃を受けたであろう。

元代の作と推定される『居家必用事類全集』には豚、牛、羊、馬、兎、鹿、駱駝、虎、アナグマ、驢馬、熊などがいずれも食材として出てくるが、犬はまったく現れない。同じく元代の『飲膳正要』「獣品」に「犬」が出てくるが、薬として紹介されているだけで、料理紹介のなかではまったく触れられていない。同じ本の「食い合わせ」の項目にも犬肉は出てこない。そのことから、日常生活のなかでは犬肉はほぼ姿を消したと推定できる。また、記述の内容を見ると、『飲膳正要』は唐代の『食療本草』とそっくりである。つまり、犬肉には一定の薬効はあるが、食べてはいけない場合も多い、と述べている。

同じく元代に書かれた賈銘《かめい》『飲食須知』は、犬食いの歴史の変遷を知る上で興味深い史料を提供してくれる。この本は、日常の食物が健康維持や病気治療にどのような効用があるかを養生の角度から説明している。そのなかの「犬肉」という項目で、犬肉がいかに体に悪いかが書き連ねられている。最後に作者は、「犬は賢いうえ、家の番をすることもできる。しかし、食べると(体に)何のいいところもない。なぜ食べる必要があるのだろう」と結んでいる。作者の賈銘は浙江省の生まれで、元代に役人になった経歴がある。彼の生きた時代に犬食いは栄養上、健康上の理由で否定されている。犬肉を食わない風習が長江下流域までひろまった証拠でもある。江南地域の家庭料理を記録した『中饋録』にも犬肉の料理は出てこない。

犬食いは卑しい

明代は漢民族の王朝になったとはいえ、犬食いの風習が復活したわけではない。明の書物、たとえば高濂《こうれん》『遵生八牋《じゅんせいはつせん》』の「飲饌服食牋」や、『群物奇制』「飲食」に犬料理は出てこない。

マッテーオ・リッチは長年北京に滞在していたが、『中国キリスト教布教史』のなかに中国人が犬肉を食べるという記述は見あたらない。もし、彼がその風習を目撃したら、記録しないはずはない。

同じく明代に中国を訪れたガスパール・ダ・クルスは『十六世紀華南事物誌』のなかで次のように証言した。

カンタン（広州――引用者注）の城壁の外側ぞいには飲食店だけの通りが一つある。それらの飲食店ではすべて四ツ切りにされた犬を売っている。焼いてあったり生のままであったりする。また頭の皮がはがされていたり、両耳だけそのままついていたりする。これは皮のはがし方が子豚と同じようであることによる。犬は賤しい人たちの食べ物で、市中いたるところで、檻に入れられ生きたまま売っている。（日埜博司訳、一九八七）

犬食いの習慣がなお保たれていた広東でも犬は「賤しい人」しか食べなくなった。ガスパール・ダ・クルスによると、広東人がもっとも好きな肉は豚で、肉類のなかで消費量がもっとも多いという。

忘却された美味

清になってもその点は変わらない。清代は時代的に近いだけに、多くの料理書が残されている。しかし、顧仲『養小録』、朱彝尊『食憲鴻秘』、袁枚『随園食単』、李化楠『醒園録』、梁章鉅『浪蹟叢談』、王士雄『随息居飲食譜』など、どれをとりあげてみても、犬肉の料理は見あたらない。李漁『閑情偶寄』の飲食部分に犬肉が出てくるが、そのなかに気になることが記されている。

豚、羊について述べたあと、牛、犬にふれなければならない。この二種の動物は世間の役に立つ。食べないように勧めることをしても、酷刑に処す（料理する）ようなことはとても忍びない。この二種の動物を省き、つづいて家禽について話をしよう。

右の引用から、当時、犬を食べる風習はすでになかった、という見方もできるし、犬を食べる人がまだいたからこそ、このような発言があったという、まるっきり対立する結論を引き出すこともできる。真相はいったい何か。

夏曾伝（一八四三〜一八八三年）は晩清の文士で、学問の知識が該博であるだけでなく、食にも詳しい。彼は袁枚の『随園食単』を増補し、各料理の歴史、変遷について書き添え、『随園食単補証』としてまとめ上げた。「狗肉」という項目には、次のように記されている。

乞食が犬肉を食べていると、そのにおいがはなはだ香ばしい。疫病になったときに食べると病気が治る。また、広東では「地羊」と呼ばれており、文士も食べると言われている。しかし、それ以外のところではみなタブーとされている。調べればわかることだが古代人はもともとみな犬を食べていた。これは（儒学の）経典のなかに明白に記録されていることである。いつからか人々は食べなくなり、さらに食べるのは恥だと見られるにいたった。

これで真相は明らかになった。清代では広東以外どこでも犬肉を食べなくなった。薬として食べる場合をのぞけば、犬肉はよほど食べるのに困った人間しか食べないものになり下がった。しかも、日常生活で犬肉を食べるのは、破廉恥なことと思われている。夏曾伝は犬肉を食べなくなったことを不思議に思ったが、かつての北方の遊牧民族の南下がこのような文化変容をもたらしたとは、夢にも思わなかったであろう。

2　シルクロードを通ってきた香辛料

胡椒

現代の中華料理では胡椒は欠かせない香辛料のひとつである。しかし中国原産ではない。唐の段成式『酉陽雑俎《ゆうようざつそ》』のなかに、次のように記されている。

（インドの）マガダ国に産出する。（中略）たいへん辛くひりひりする。六月、採取する。いまの人は、胡盤肉食をつくるとき、みな、これを使用する。（今村与志雄訳、一九八一。以下同）

胡椒は唐代に中国に伝わったものではない。『斉民要術』巻四第四十三に『広志』からの引用として、「胡椒は西域に産す」とあるから、六朝にはすでに中国に入っていた。ただ、西域のどこから来たかについては明示されていない。

さかのぼれば、胡椒の記録は『後漢書』巻八十八「西域伝」に見られる。「天竺国に（中略）諸香、石蜜、胡椒、薑《しょうが》、黒塩があり」とあるから、インドにあることは漢代にすでに知られていた。

胡椒の使用例は『斉民要術』に三例出てくる。酒造りの原料として使われたのが二例。巻七第六十六「博物志の胡椒酒づくりの法」と、「和酒を作る法」に胡椒が材料として出てくる。

肉料理に使われる例は「胡炮肉の法」に見られる。羊肉の下拵えに用いる香辛料である。この料理は前にも紹介したが、西域から来たことが料理名で示されている。胡椒も西域の料理法とともに伝わったのであろう。『酉陽雑俎』の記述とあわせて読むと、胡椒は唐代になっても「洋式」の肉料理に使われていたことがわかる。引用中の「胡盤肉食」とはどのような料理かははっきりしないが、料理名から見ると、西域から来たであろうことが想像される。現代中国では料理に胡椒を使うのがあたり前のことになったが、当初は外来の料理にしか使われなかった。

ヒハツ

胡椒とならんで、ヒハツという胡椒科の香辛料があった。漢字で書くと「華撥《ひつはつ》」となるが、『魏書』巻百二「西域」にはペルシアの物産として、胡椒、石蜜などとともに記されている。一方、「南天竺国」つまりインドの項にはヒハツについての記録が見られない。『魏書』以降の史書にも同じ傾向が見られ、『北史』、『隋書』、『旧唐書《くとうじょ》』などいずれもヒハツをペルシアの特産物として記している。

肉料理に使われる香辛料として記述された例は『斉民要術』にある。前出の「胡炮肉の法」のなかでヒハツは胡椒とともに羊肉の調味に使われている。この用法は唐代にも受け継がれたのであろう。『酉陽雑俎』巻十八にヒハツについて次のように述べられている。「(インド)マガダ国に産出する。そこでは華撥梨《ひつはつり》と呼ぶ。シリアでは阿《あ》梨《り》訶《ほ》吔《た》と言う」とある。「華撥梨《ひつはつり》」は胡椒の一種だが、インドでも暑熱のきびしい地域の産物である(今村与志雄、一九八一)。

ところで、史書のなかで胡椒やヒハツがペルシアの産物と記されているのはなぜか。そのことは胡椒の貿易方式と関係があるだろう。胡椒やヒハツの原産地はインドだが、ペルシア経由で中国に伝来した(長澤和俊、一九八七)。ペルシア産と誤解されたのはそのためである。

チンピ

胡椒以上に多く使われた香辛料は橘の皮である。『斉民要術』巻十に中国以外の物産として記されているから、当初は外来の香辛料だったことがわかる。『斉民要術』では乾いた果皮が五十三種の料理に用いられ、そのうち三例は橘の葉といっしょに使われている。また、橘の汁が調味に使われた例も見られる。本来橘は食用柑橘類の総称で、さまざまな種類が含まれている。むろん、中国原産のものもある。なぜ『斉民要術』で外来の香辛料とされたかは不明である。『斉民要術』のなかでは、橘の乾いた果皮は「家鴨《あひる》のあつもの」、「羊のひづめのあつもの」、「らいぎょのあつもの」など、ほとんど全部肉や魚の料理に使われている。生臭さを取るために用いられたのである。そうしたことから考えると、外来の橘と中国原産のものは微妙に性質がちがっていたと推測できる。『斉民要術』が、外来の香辛料として記した理由はそこにあったのかもしれない。

『酉陽雑俎』巻七「酒食」にあげられたメニューに「熊蒸」という料理がある。調理法は示していない。『斉民要術』巻八第七十七に同じ名前の料理「熊蒸」（熊の蒸しもの）の作り方がある。レシピを見ると、らっきょう、チンピ、胡芹、小蒜などが使われている。『酉陽雑俎』にある唐代の「熊蒸」もおそらく同じ香辛料が使われていたであろう。ただ、長い時間のなかで、外来の橘は中国にすっかり定着し、人々はもはやよその国からきたものとは気づかなかったかもしれない。

ニンニク

ニンニクは中華料理に欠かせない香辛料のひとつである。晋・張華（二三二～三〇〇年）『博物志』に「張騫、西域に使いして大蒜、胡蒜を手に入れたり」とある。原書は散逸し、現在あるのはのちの人が各書物に散見するものを集めて編集したものだが、右の記述は『斉民要術』にも引用されているから、少なくとも『斉民要術』が書かれた六世紀の中頃には広く認められていたのだろう。同じく晋の恵帝（在位、二九〇～三〇六年）のときに太傅《たいふ》（行政首長三職のひとつ）になった崔豹《さいひょう》の『古今注』に「胡の国に蒜があり、十個の小球からひとつになる。二重の皮に包まれ、胡蒜という。小蒜よりも辛い。一般に大蒜と呼ばれる」とある。そうした記述を見ると、六朝ではニンニクは西域からきたという認識がかなり一般的であった。

ところで、ニンニクが植物として伝わったとしても、すぐに一般の料理に使われたとはかぎらない。というのは、調味に使う香辛料は肉類や野菜とちがい、食材に合うかどうかの問題があるからだ。それに従来、中国には小蒜と呼ばれた香辛料があったから、食材あるいは料理法が変わらないかぎり、外来の調味材料を使う必要はない。西域からきたニンニクはおそらく外来の料理に使われたのが中国に広まったきっかけであろう。

いったん香辛料として定着すると、従来の料理にも使われるようになる。『斉民要術』には「八和《かて》の齏《つきあえ》」（八つの薬味を混ぜたたれ）というドレッシングがある。そのレシピにニンニクが出てくる。なますのたれに用いられる調味料だが、食材は従来の魚。古い材料を新しい薬味で味を調える工夫である。巻八第七十四の「豚肉ずしを作る法」にも「蒜齏」（ニンニクのたれ）が調味料として出てくる。また、巻八第七十六には豚の腸を材料とした料理があるが、そのなかに細く切ったニンニクが使われている。さらに巻九第八十七のキノコの蒸し焼きに、肉の下拵えにきざんだニンニクを使うとされている。『斉民要術』にはこの四例しかないが、じっさいはもっと使われていたであろう。また、ニンニクとともに、従来の小蒜が併用される例もある。外来のニンニクには原産の小蒜にない調味効果があったことが推測できる。

右にあげたニンニクが使われている料理のなかに、外来の食物がないことも注目すべき事実である。西域から伝わったニンニクが古来の料理にも用いられ、それが中国での大量栽培を促したのだろう。

『酉陽雑俎』巻十八によると、「阿魏《あぎ》」は西域から伝わった香料で、アフガニスタンのガズニ、北インド、ペルシアに産する。元代の『居家必用事類全集』「煮肉品」に、いたんだ肉には阿魏を入れていっしょに煮ると、臭気がなくなるとあり、また、明代の『群物奇制』「飲食」に、豚肉を煮込むのに白梅阿魏を使い、あるいは酢、あるいは青塩（中国西南、西北部に産する塩）といっしょに煮ると、肉が早く軟らかくなる、と書いてある。

3　西域から来た食物

唐代の「胡食」

『旧唐書』巻四十五「輿服志」には唐・開元年間のトレンドについて、「太常（祭祀礼楽をつかさどる役所）の楽は胡曲を尚び、貴人の御饌はことごとく胡食を供し、士女はみな競って胡服を衣《き》た」と批評している。あまりにも有名な記述であり、これまでくりかえし引用されてきた。ところで、このなかで言う「胡食」とはなにか。漢から隋にいたる史書に出てくる「胡食」と同じものなのか。唐代の胡食をめぐって、これまでいくつもの研究があったが（向達、一九五七。古賀登、一九七〇。呂一飛、一九九四）、この点についてはいずれも明言を避けている。

唐代の胡食と言えば、いつも引かれるのが慧琳《えりん》（七六八〜八二〇年）の『一切経音義』である。その三十七巻の「陀羅尼集」第十二巻にある「胡食は即ち油餅、畢羅、焼餅、胡餅、搭納など」という記述はたしかに唐代におけるもっとも権威ある解釈と言える。しかし、過去の「胡食」との異同についてはやはりふれられていない。唐代の「胡食」はペルシアからきたとする見方があるが、はたして一概にそうと言えるのか。

本書は第三章で、漢の霊帝が胡飯、胡餅が大好きであったことに触れたが、その場合の「胡」は、明らかに北方民族を指していた。それでは、唐代の文献に出てくる「胡食」とはなにを指すのか。

『新唐書』巻八十「太宗諸子」によると、唐の太宗の皇太子である李承乾は「胡族」の文化習慣に心酔し、服装、髪型から音楽、武芸にいたるまで、ことごとく「胡人」に習ったという。彼は遊牧民の天幕型の住居にすまい、羊を調理し、ナイフで肉を切って食べた。ではその「胡人」とはなにを指すのか。原文に「突厥の言及び服する所を好む」とあるから、明らかに「胡」は突厥族を指している。

ところで、この節の冒頭に引用した『旧唐書』巻四十五の記述は開元年間、つまり七一三年から七四二年の間のことである。李承乾が常山王になった武徳三年（六二〇年）から、約百年から百二十年後のことである。『旧唐書』によると、この百年の間に風習には大きな変化があった。武徳、貞観のときは、宮廷の女官が外出するに際して体を隠していたが、則天武后のときからしだいに変わった。開元のはじめになると、彼女らはみな馬に乗り、異民族の帽子をかぶって、顔を隠さない。また、奚車と呼ばれた契丹族の車が、開元、天宝年間に都ではやっていたという。一方、ペルシアをはじめ、中央アジアや西アジアの人々もシルクロードを通って、唐に入り、かの地の物品と風習を持ち込んだ（護雅夫、一九七〇）。なかでもソグド商人とペルシア商人の活躍ぶりはひときわ目を惹くものがあった。

異なる民族とのつきあい方と、文化交流のパターンにも根本的な変化が起きた。それまで異民族と漢民族とはおもに隣接する居住地域で双方が出会い、つきあっていた。民族が衝突したり融合したりするのも、支配領域の争奪、あるいは生活物資や人員の獲得をめぐってのことだった。それに対し、ペルシア人は単に貿易のためにだけはるばる唐に渡ってきた。彼らはむろん領土への野心もなければ、生活物資の略奪という目的もありようがない。大陸のどの民族との間にも過度の親密感もなければ、根深い憎しみもない。集団的な民族利益がほとんど影響を与えない文化交差が起きた。日常生活のなかで、彼らは当然中央アジア、西アジアの食物を持ち込み、唐の食文化に一定の影響を与えていた。

このように考えると、唐代の「胡食」には二つの意味があった。ひとつは唐代の初期の用法で、この場合おもに突厥などの北方民族の料理を指している。もうひとつは開元以降の「胡食」である。後者には、ペルシアをはじめ、西アジアや中央アジアからきた食事が多く含まれていた。

さまざまな胡食

ふたたび慧琳による「胡食」の定義に戻る。『一切経音義』に「胡食は即ち油餅、畢羅、焼餅、胡餅、搭納など」と、五つの食物があげられている。これらはどのような食物なのか。

「搭納」は不明だが、前述のように「胡餅」は漢末にすでに現れていた。しかし、『斉民要術』に「胡餅」という名称は出てこない。おそらく作り方が広く知られていたので、記録しなかったのであろう。七六八年生まれの慧琳は「胡餅」を「油餅」、「焼餅」などといっしょにあげている。唐代でも「胡餅」と「焼餅」は別々の食物であった。ならばどうちがうのか。

第三章でもふれたが、七七二年に生まれ八四六年に亡くなった白楽天は「胡餅を寄せて楊万州に与う」という詩を書いた。そのなかに「胡餅」は炉から出たばかりで、ぱりぱりして香ばしい、と描かれている。「炉」で焼くという点では、唐代の胡餅の作り方は六朝と変わっていない。

「焼餅」については『斉民要術』に製法が記録されている。「麵一斗、羊肉二斤、ネギの白根一合、これを（餅にして）炙れば、麺がちょうど起《ふくれ》てくる」とある。しかし記述が簡略すぎて、どんなパンなのかわからない。したがって、現在北京でよく食べられているミート・パイ（「餡児餅」）のように、二枚の生地の間に肉を挟んで焼くこともできるし、あるいは南方の焼き饅頭（「生煎包子」）のように、肉を具にして、麺の生地で包んでもよい。これでは「焼餅」と「胡餅」のちがいがわからない。

そこで後の時代に書かれた料理書を参考にするしかない。元代に著された『居家必用事類全集』にも「焼餅」が出てくる。「麪一斤に、油半両、炒塩一銭を加え、冷水でこねあわせて麺棒でひきのばし、鏊《ごう》のうえで硬く焼く。熱灰に埋めて焼くと、いっそうぱりぱりしておいしい」とある。「鏊」は平らな鍋で、三本の足がついている。いわば中国式のフライパンである。作り方は『斉民要術』とほぼ同じだが、焼き方の説明はより詳しくなっている。

『斉民要術』の「焼餅」とあわせて読むと、「胡餅」と「焼餅」のちがいが明らかになる。「胡餅」は「胡餅炉」の内側に貼り付けて直火で焼くが、「焼餅」は平らな鍋で焼く。今日の「芝麻焼餅」と同じように、「胡餅」は炉に貼り付けるから、油をあまり使わない。せいぜい焼く面に少し油を塗りつける程度である。逆に「焼餅」には動物性脂肪をたっぷり入れ、さらに鍋にくっつかないように、あらかじめ油をひいてから焼く。『斉民要術』に出てくる「焼餅」に動物性脂肪が多く使われていたのはそのためであろう。

『酉陽雑俎』巻七のなかに「阿韓特餅《アハントウピン》」、「凡当餅《ファンタンピン》」が出てくる。いずれも正体不明だが、中国語の意味からは解明できない。名前を考えれば、外来のパン類である可能性が大きい。韋巨源『食譜』に出てくる「曼陀様夾餅」も同じかもしれない。

ペルシアから来たピラフ

唐代の「焼餅」も「胡餅」も六朝からあった食物であるのに対し、「饆饠《ひつら》」は唐代にはじめて現れた食物である。『酉陽雑俎』巻七に「韓約は、桜桃饆饠を上手に作る。その色が変わらない」とあり、韋巨源『食譜』にも「天花饆饠」が出てくる。しかし、「饆饠」がどのような食物で、どう作るのかについてはどこにも書いていない。『辞海』の新編本に「ペルシア語の pilaw（ピラウ、現代のピラフの語源でもある）の音訳である。肉類あるいは野菜、果実といっしょに煮込んだ飯」と解釈されている。現代中国語では「饆饠」は biluo（ピィルォ）と発音するから、pilaw にきわめて近い。

それに対し『漢語大詞典』では、『辞海』新編本の説より一歩後退し、饆饠は「もともと抓飯を指し、のちに餅類をも意味する」と解釈されている。「抓飯」とはウイグル人やアラブ人が食べる焼き飯で、なかには羊肉や干しぶどうなどが入っている。手づかみで食べるので、「抓飯」と呼ばれた。じつは、『漢語大詞典』の解釈は向達の論考にもとづいている。向達の考証によると、饆饠はペルシアから唐に伝わった「抓飯」だという（向達、一九五七）。

のちに『辞海』の解釈に対して反論が出ている（邱龐同、一九八六）。それによると、饆饠はピラフではなく、中身のある小麦粉食品であるという。一方、日本の『厨事類記』には「ヒラ（饆饠）ハ　ヒラタウスク」とある。飯類というよりも餅類のようである。しかし、これはおそらく歴史のなかでの饆饠の変遷と関係があるのかもしれない。飯を手でつかんで食べるのは不便だから、「胡飯」の発想で、のちに薄い餅で包んで食べるようになったのであろう。そして、日本に伝わった際に、何かの理由で皮しか残らなくなった。

『酉陽雑俎』に饆饠の専門店が何回も登場する。続巻一の八百八十話には興味深いことが書かれている。命を取りに来た地獄の使者を買収しようと、物語の主人公が彼らを饆饠の店につれていったが、幽霊である彼らは鼻をおさえて、入るのをいやがった。この描写から、饆饠はきついにおいがすることがわかる。従来中国になかった香辛料が使われていたからであろう。幽霊たちがそのにおいを嫌がるのは、饆饠が新しい料理であることを示している。だから、この世で饆饠がはやっていても、あの世にはまだ伝わっていない、と作者は考えていたのである。

西域から来た食材

漢代から唐代にかけて、西域から多くの野菜や果物類が続々と中国大陸に伝来した。現在の中華料理に多く使われているものだけでも、キュウリ、ほうれん草、ウマゴヤシ、コエンドロ、チシャ、エンドウ、ブドウ、クルミなどがあげられる。そうした食材がいつ、どこから伝来したかについてはいままで多くの研究がなされているから（足田輝一、一九九三）、ここではくりかえさない。

ただ、それ以外にどういった食物が中国に伝わってきたのか、また、西域から来た野菜や果実のなかで何が中華料理のなかに採り入れられ、そして後世に伝わったかについては、いままであまりふれられていない。

ペルシアからきた食材で、のちに中華料理に多く使われたものとして、クルミがあげられる。クルミは漢代に張騫が西域から種を持ち込んだと『漢書』には書かれているが、多くの書物に出てくるようになるのは六朝からである。クルミは菓子にふんだんに使われ、また、薬としても多く用いられるようになった。西域からきた木の実のなかで、クルミほど好まれ、料理や菓子の材料になった例はめずらしい。

唐の孟詵『食療本草』のなかに、クルミは神仙術の好きな人たちによく食されているとある。滋養強壮の作用があると思われたからか、その後もさまざまな食物に使われた。宋代の林洪『山家清供』のなかに、三例も出てくる。「勝肉餗」（精進ギョウザ）のレシピは次のように書かれている。「たけのことときのこをゆがいてから一緒に切り、松の実とクルミを加え、酒、醬、香料をまぜあわせる。小麦粉をこねてギョウザを作る」（中村喬訳、一九九五）。「餗」はギョウザの前身だが、現在のギョウザよりはるかに大きい。その名残はいまの庶民料理のなかにある。作り方はギョウザよりも饅頭に近い。外形もだいたい三角形の饅頭と想像すれば大差ない。この種の食物はおそらく唐代にすでにあったが、残念ながら現存する文献ではまだ検証できない。また、元代の『居家必用事類全集』には、クルミが調理のなかで除臭剤として用いられた例もある。

甘味の菓子類の例として、同じく『山家清供』「大耐糕」――現在で言うとアップルパイといったところか――があげられる。「大きなりんごの皮をむいて芯をえぐり、梅と甘草をひたした湯でゆがき、蜜をからめた松の実、皮を剝いたオリーブの実、クルミや砕いた瓜のたねをりんごのなかにいっぱいに詰める。小さい蒸し器で蒸す」とあるが、ここでもクルミが使われている。現代でもさまざまな菓子にクルミはふんだんに使われている。

ペルシアから来た木の実で、意外なのはアーモンドである。同じく『酉陽雜俎』巻十八の七百六十四話「扁桃」には、「ペルシアに産出する。ペルシアでは婆淡と呼ぶ。樹の長さは、五、六丈。周囲は、四、五尺。葉は桃に似てひろく大きい。三月、花を開く。白色である。花が落ちて実を結ぶ。形は桃の子《み》に似て、形は扁《ひらた》い。だから、これを扁桃という。その肉は、苦く渋くて食べられない。核のなかの仁は甘い。西域諸国はみな、これを珍重する」と記されている。ただ、近代以前の中国には広まらなかったらしい。

ピスタチオもアーモンドと同じ運命をたどった。『酉陽雜俎』続集巻十の千二百三十話には「阿月（ピスタチオ――引用者注）は西国に生ずる。蕃人の話によると、胡榛子と同じ樹である。一年が榛子、二年が阿月である」とある。明代の『本草綱目』には、薬として記されているから、中国に伝来したことはまちがいない。ただ、食物として食べられていた記録はない。ピスタチオが中国の一般家庭に入ったのは経済開放が実施された最近のことである。

クルミとちがってアーモンドやピスタチオがのちに姿を消したのは、料理や菓子の材料として確固たる位置を獲得できなかったからだ。

外来野菜の食べ方

ウマゴヤシの来歴については、これまで多くの考証があった。しかし、じっさいどのように食べられていたかにはほとんどふれていない。唐代の料理書が全部散逸したのが大きな原因のひとつである。ウマゴヤシが野菜として食べられていた記録は『唐摭言』巻十五に見られる。まずしい食事としてあげられているから、好まれていた野菜ではなかったらしい。ただ、そのなかでも調理法は記載されていない。唐の玄宗のときの調理法が、宋代になってようやく詳しく記録されるようになった。『山家清供』

には、「（ウマゴヤシを）ゆがいてから、油で炒める。好みにあわせてショウガと塩を入れる。あつものにしてもおいしいし、ひたしものにしてもおいしい」とある。現代でもウマゴヤシは庶民の食卓によく見られるが、食べ方がややちがう。『山家清供』には「茎が長く、ながいものは一丈（三メートルぐらい）ある」と記されているが、もしその茎も食べれば、とうぜんおいしくないだろう。現代ではウマゴヤシの新芽しか食べない。また、あつものにもひたしものにもせず、もっぱら炒めて食べる。

そもそも中国の料理書は文人の手になるものが多い。彼らは王侯貴族のメニューや士大夫の風流な食べ方しか記録しない。ふつうの大衆料理がみごとに欠落している。めずらしいこと、一風変わったことしか書き留めない習性は、料理書の分野にも現れていた。ことに野菜についてはそうである。日常のなかによくある調理法は「瑣末」と見られ、誰も目をくれなかった。おかげで、たいした腕前や特別な方法のいらない大衆料理、家庭料理はほとんどわからなくなった。

キュウリはその典型例。『斉民要術』巻二「瓜」に「胡瓜を収穫するには色が黄色くなるのを待って摘」み、「香醬のなかに入れて貯蔵する」とあるから、六朝のときにすでに栽培され、漬け物にして食べられていた。しかし、新鮮なキュウリの調理法はどこにも見あたらない。孟詵『食療本草』には、体を冷やすから、多く食べてはいけない、とくに子供は下痢を起こしやすい、と書いてある。唐代ではよく食べられていたことがわかる。もともとキュウリは水分が全体の六十パーセントを占めているから煮物にもあつものにも向かない。『食療本草』には、酢といっしょに食べると体に悪い、と記されている。酢に言及されているところからして、おもな食べ方はおそらく和え物であったのだろう。

ほうれん草については、『新唐書』「西域上・泥婆羅」にネパールから献上された、と記されている。唐以前の書物には記録が見あたらないから、全国にひろまったのはたぶんそれよりあとのことであろう。唐の孟詵『食療本草』には「つねに肉、めん類を食べる北方人は（ほうれん草を食べると）「熱」と「涼」のバランスがちょうどとれていると感じるが、魚、スッポン、米をよく食べる南方人が（ほうれん草を）食べたら、体を冷やしすぎると感じる」とあるから、唐代には北方でも南方でも食べられていた。

『清異録』巻上「蔬菜門」によると、南唐（九三七〜九七五年）のときに戸部侍郎（大蔵次官）になった鍾謨はほうれん草が大好きで、「雨中菜」という愛称をつけたほどであった。また、宋代末期に書かれた『夢粱録』に「菠菜果子饅頭」(ほうれん草を餡に入れた饅頭)が出てくる。階層の別なくひろく好まれた野菜であった。

キュウリとちがい、ほうれん草はあつものにはぴったりの食材である。また、ひたしにしてもおいしい。のちに登場してきた炒めものという料理法も、ほうれん草と相性がよい。明代以降、ほうれん草がいっそうひろまったのはそのためであろう。しかも、栽培しやすいから、庶民でも簡単に手に入れられる野菜であった。明代の王世懋は『瓜蔬疏』のなかで、「ほうれん草は北方では赤根といい、野菜のなかでは平凡な品種である。しかし、豆腐といっしょに調理できるから、菜園には絶えることがない」と書いている。なお、現代中国でもほうれん草は日常的に食べられている野菜である。

【第五章】羊肉vs豚肉——宋代

宋代の食事風景（「宴飲与厨作」）

1 翻弄された豚肉

好まれた羊肉

現代中国ではもっとも値段の高い肉は牛肉と鶏肉で、つづいて豚肉、羊肉の順となっている。ところで、むかしはどうだったのか。

北宋の都市生活を記録した『東京夢華録《とうけいむかろく》』には食についての記述が多い。巻二「飲食物と果物」には外食業の料理が詳細に紹介されている。そのなかに飲み屋や料理屋で作られた料理は五十四品も記されており、また外から持ち込まれた、いわば委託販売の料理も十二、三品にのぼる。

そうした食物を食材別に見ると、肉料理、海鮮料理、野菜料理などがある。料理の種類では、蒸し物、焼き物、煮物、揚げ物、吸い物など多種多様にわたる。肉類では、羊、鶏、鵞鳥、家鴨《あひる》、鶉、兎、ノロなどのたぐいがある。そのほか内臓の料理や、大豆などで作った精進料理も少なくない。

興味深いことに、料理屋で出された七十品近くの料理のなかに、牛肉と豚肉の料理はひとつもない。逆に羊肉は八品もある。家鴨の肉、兎肉がそれぞれ三品、鶏肉と鶩鳥の肉がそれぞれ二品あるのに比べて断然多い。牛は農耕の生産道具で、早くから食用が禁止されていた。だから、食卓に出てこないのも理解できないことではない。しかし、なぜ豚肉が見あたらないのか。たんに記述漏れなのだろうか。

同じく『東京夢華録』巻二「州橋の夜市」には夜間の外食露店の様子が記録され、そこにも販売されている食べ物が数多く記されている。ところが、二、三十種の料理のなかに豚を食材に使ったのは「照り焼きの豚の皮付き肉」の一品だけ。そのことから考えると、巻二「飲食物と果物」に豚肉料理がないのは、記述漏れではない。

蔑まれた豚肉

じつは当時人々が豚肉を食べなかったわけではない。『東京夢華録』巻二「朱雀門外街巷」には「民間で屠殺する豚だけは、必ずここ（南薫門——引用者）から都に入る。毎日夕方になると、何万という群を、僅か十数人で追って行くが、一頭も列を乱すことはない」（入矢義高ほか訳、一九九六。以下同）という記述がある。何万頭という数字の信憑性や、またはたしてそれらの豚がすべて汴京《べんけい》で消費されたのか、それともよそへ運ばれたのかどうかは明らかではない。ただ、豚肉が食べられていたことはほぼまちがいない。事実、巻二「食べもの店」には、頭や内臓を取り去ったままの豚や羊が店内に吊してある、と書いてある。しかし、外食業では明らかに豚肉料理は少ない。

ほかの史料を見ても、宋代の豚肉は値段がたいへん安く、人々はあまり好きではなかったことがわかる。宋代の周芝紫《しゅうしし》の『竹坡詩話』によると、蘇東坡は黄州（いまの湖北省黄岡県）に左遷されたとき、豚肉礼賛の詩を書いた。「黄州の好《よ》き猪肉、価銭《あたい》は泥土の如し、貴者は肯《あ》えて喫《く》わず、貧者も煮ること解《あた》わず。慢着き火《よわび》、少着き水《すくなみず》、火候足りる時《りょく》に它自ら美し《それみずかうま》。毎日起来《おき》て一碗を打り《も》、飽得自家君管うこと莫れ《あきてじかきみかまなか》」。蘇東坡は自ら豚肉の料理法を考え出し、それがいまの「東坡肉」だという。

ところが、蘇東坡の詩を読んで、いつもたいへん不思議に思う。現代中国では豚肉は牛肉と鶏肉につぐ上等な肉類なのに、なぜ泥のように安く、しかも身分の高い人は食べたがらなかったのか。

その答えは宋の周煇『清波雑志』にある。同書巻九には「この地方では猫の餌として豚肉の腸詰めを売っていた。豚肉は卑しい食物だったからで、もっとも上等なのは羊肉であった」という記述がある。下等な食肉と思われたからこそ、豚肉の値段が泥ほど安くなったのであろう。『東京夢華録』「酒楼」によると、汴京の料亭は「高貴の人を顧客としている」。そのような高級料亭に下等な食材とされた豚肉が出てこないのはまったく不思議ではない。

羊肉を尊ぶ風習と北方民族

羊肉の勢力拡大はいくつかの段階を経てきた。考古学の発掘の結果によると、新石器時代の遺跡から出土した獣骨のなかで、もっとも多いのは豚、その次は羊、牛、犬となっている。しかも、豚は二位の羊より三割近くも多い（横田禎昭、一九八三）。まえにも引用したが、『孟子』には「鶏豚狗彘《けいとんこうてい》の畜《やしない》、其の時を失うこと無くんば、七十の者以て肉を食《くら》うべし」ということばがある。孟子が梁の恵王に語った治世のアドバイスであった。そのとき梁の恵王が支配する魏国は大梁（いまの河南省開封市）に都していた。「豕」も「彘」も豚のことだから、紀元前三世紀ころの開封では、肉と言えば鶏、豚と犬を指していたことがうかがえる。

六朝になると、羊肉の方がしだいに多く食べられるようになった。『斉民要術』に出てくる家畜類の加工および調理の用例数を見ると、一位が豚であることには変わりはない。しかし、豚の調理例が三十七例に対し、羊は三十一例。羊肉は豚肉とほぼ互角で、三位の牛を大きく引き離している。加工例も豚が八例に対し、羊は六例ある（熊代幸雄、一九六九）。中国の飼育用の羊は蒙古から入ったアルガリ系統だと言われるが（加茂儀一、一九七三）、いつ頃中国に入ったかは詳らかではない。『斉民要術』を見るかぎりでは、六朝の頃に羊肉が料理用として多く使われていたことは明らかである。ただ、豚肉の地位はまだ逆転されたわけではない。

『東京夢華録』には十二世紀初頭の汴京のことが記述されている。その汴京もまたいまの開封市に位置していた。同じ都市のことなのに、かつては豚肉がおもな食用の肉類であったのに、北宋になると、羊肉が上等な肉になった。なぜ豚肉の地位が落ちたのか。

中国の北方では「古くから羊が最上のものとされ、豚は下等品であった」（入矢義高ほか注、一九九六）と言われるが、いつからそうなったのかはこれまで明らかにされていない。

遊牧民族である匈奴族の南下はひとつの遠因であろう。『後漢書』巻八十九「南匈奴伝」によると、紀元一世紀から二世紀のあいだ、匈奴人は数万人から数十万人の単位で南の方に入植した。魏晋以降になると、牧畜が盛んな突厥族の影響もまた大きかった。

隋、唐の頃、鮮卑族は北方中国で広範囲にわたって活躍した。しかし、鮮卑族の進出は羊肉文化とあまり関係がなかった。彼らは羊肉を多く食べていたわけではないからだ。そもそも鮮卑族は東部鮮卑と北部鮮卑に分けられるが、前者は狩猟民族で、遺跡から発掘された動物の骨のなかに、牛、馬、羊の骨はない（張碧波ほか、一九九三）。北部鮮卑は野生の牛や羊を捕獲するが、家畜としては飼育していなかった（同右）。

十一世紀から十二世紀初頭にかけての中原における羊肉文化の定着にはひとつの重要な理由がある。九一六年、中国の北部で契丹国が樹立され、約三十年後の九四七年に国号を遼と改めた。同年遼の軍隊は開封に入城した。遼は開封をながく占領しなかったものの、その後文化の中心地であった中原はつねに契丹族の脅威下にあった。その間、契丹族の人たちがたえず勝者として南に進出し、彼らの風俗習慣を中原に持ち込んだ。

契丹はもともと遊牧民族で、「牧畜、田漁を稼穡《かしょく》と為す」(『遼史』巻四十八「百官志四」)。日常の食事には羊肉や乳製品が多い。その習慣は中原に入ってからも変わらず、政権内には牧畜専門の役職を多数設けていた(『遼史』巻四十六「百官志二」)。「祭山儀」は契丹の皇族が天地の神を祭る重要な宗教儀礼である。祭祀に用いられた生贄は雄の馬、牛、羊であった(『遼史』巻四十九「礼志一・吉儀」)。民俗のなかでも羊肉は多く登場してくる。正月一日には白い羊の骨髄の脂を糯米《もちごめ》の飯にまぜあわせ、こぶしぐらいに丸くにぎった儀礼食がある。冬至の日には白い羊、白い馬、白い雁を殺し、その血を酒に入れる。祝日の儀礼食や祭祀に供えられる食物には民族の食文化が凝縮されている。羊がそうした祝祭に多く用いられたのは、それが生活のなかの重要な食物であったことを証明している。

『東京夢華録』が記録した汴京は宋の都であるとはいえ、地理的には遼にたいへん近く、つねに契丹の軍事力の脅威にさらされていた。中原あたりの羊高豚低の食文化天気図を決定したのはやはり契丹族の食習慣の浸透であった。

中原に定住した契丹族の風習が中国北方の食肉の好みを変えただけでなく、後に中国大陸の北半分を支配した女真族にも影響を及ぼした。一一一四年、金が遼を破り、翌年の元日に正式に建国し、国号を「大金」とした。遼にかわって、中国の北方地域で女真族の政権が樹立した。契丹族とちがって、女真族は羊肉も豚肉も食べていた。女真族の先祖は粛慎族と靺鞨族であったが、『晋書』巻九十七「粛慎氏」によると、「牛羊無く、猪を多く畜う」という。また『旧唐書』巻百九十九下「靺鞨」にも同じような記述が見られる。ながいあいだ女真族はもっぱら豚肉を食べていたことがわかる。

遼が滅び金王朝が成立してから、中原に定住した契丹族の人々は漢族として生活しはじめる。彼らはむろんひきつづき羊肉を食べる習慣を捨てなかった。北方地域には人員の移住や、契丹族とのさまざまな形の往来のなかで、羊肉を食べる風習がいっそう広まったのであろう。女真族が中原に入ったとき、豚肉と羊肉はすでに地位が逆転していた。黄河中・下流地域への移住にともない、支配民族である彼らもしだいに羊肉を多く口にした。とくに金王朝の後期になると、女真族の人たちはもっぱら羊肉を食べるようになった。『松漠紀聞』によると、宋から使者を迎えるとき、金の当局は小麦粉、食用油、酢、塩、米、みそなどのほか、羊肉も一日八斤支出していたという。しかも、肉類は羊だけである。女真族の人たちもほとんど羊肉しか食べなくなったことがうかがえる。

一方、宋が金に敗れ、都を杭州に移した。政権の交代とともに、大量の住民が北方から長江下流地域に移り住むようになった。それにともない、羊肉を食べる習慣はさらに南下した。南宋の都・杭州の日常生活を記録した『武林旧事』巻六「市食」には羊の脂肪でこねたニラパンや羊の血で作った料理がある。巻九には南宋の高宗皇帝が清河王である張俊の邸宅に行幸したときの献立が記録されているが、そのなかに羊のゆで舌の薄切りがある。また、高宗に随行した官吏のメニューには羊肉料理がいくつも出てくる。羊肉文化は南宋にも信じがたいほどつよい影響力を持つようになったのである。

2　日本料理のような中華

油の少ない料理

中華料理と言えば、誰しも油っこいというイメージがある。むろん、中国人はそう思わない。しかし、客観的に見て、油が大量に使われているのはまちがいのない事実である。序章でも触れたように、現代の中華料理には四つの代表的な調理法がある。炒（炒め）、爆（ゆでるか、蒸すかの加工を経て、水を切ってから多めの油で炒める）、炸（揚げる）、煎（材料の三分の一ほどが油に浸かる状態にして、弱火で揚げる）。いずれも食用油がふんだんに使われている。料理によっては、出来上がった料理にさらにゴマ油をかける場合もある。また、蒸しものにも油を加えることがあり、和え物の場合はたっぷりとサラダ油かゴマ油をかけるのがふつうである。煮込み料理は日本とちがい、脂肪の多い肉類が使われているから、なおさら脂っこい。

ところで、そのようなこってりした料理はいつからあったのか。

唐の韋巨源の『食譜』に五十八種類の料理名があげられているが、ほとんどが蒸すか「炙」である。後者は古く「焼く」という意味であったが、現代では汁がなくなるまで醤油で煮込むことを指すこともある。『食譜』にあるのは料理名だけで、詳しい調理法がほとんど記されていないから、たしかな意味はわからない。いずれにしても油を多用する炒め料理でないことは明らかである。『食譜』のなかに「沸騰した油で調理する」と記されているのは「過門香」という料理しかない。実体は明らかにされていないが、おそらく揚げ物であろう。

『酉陽雑俎』「酒食」には百二十七種の料理や菓子が記載されているが、揚げ物や炒め物らしい料理は見あたらない。

野菜の生食

唐の咸亨年間に西域に渡り、二十五年ものあいだに三十以上の国を訪れた唐の高僧・義浄の証言はきわめて興味深い。「東夏（当時中国の自称——引用者注）では魚や野菜をなまで食べることが多いが、西の国々ではすべてよく煮込んでから、香辛料やバターを入れて食べる」（『南海寄帰伝』巻三）。その記述を読むと、現代と違い、唐代では生食はごくふつうの食べ方であったことがわかる。

唐代の調理法を詳しく記録した料理書は残されていない。現在ある文献はいずれも料理名だけあって、作り方は書かれていない。しかも、その大半は肉や魚などを使った高級料理で、野菜料理についてはほとんど触れられていない。

ところが、唐代の孟詵『食療本草』には多くの野菜が出てくる。書名からもうかがえるように、本来この本は医療書である。食物を料理として取り上げるのではなく、養生や医学の視点から、肉類、野菜類や果物類の治療効果について論じたものである。そのなかに野菜の食べ方と治療効果との関係を論じた箇所がある。たとえばヨウサイ（アサガオナ）は湯がいて食べてもいいし、搗《つ》きつぶしてなまのまま食べてもいいとあり、また、芹は酒と味噌のなかに入れて食べると、おいしいとも記されている。

しかし多くの場合、食のタブーのなかで生食が取り上げられている。たとえば、アオイについては、四季の最後の月、すなわち三月、六月、九月、十二月になまで食べると、消化不良をひきおこし、持病を再発させる、とある。また、霜に遭ったアオイをなまで食べると、健康を損なうとも書かれている。ラッキョウも同様で、三月にはなまで食べてはいけないと記されている。

そうした記述から逆に、当時アオイやラッキョウなどの野菜がなまで食べられていたことがわかる。生食の風習がなければわざわざ触れることもなかったであろう。病気治療の観点から、生食の是非が論じられた野菜は、ほかにチドメグサ（原文は鶏腸草）、コエンドロ（原文は胡荽）、ノエンドウ（原文は翹揺）などが見られる。ただ、『食療本草』では、野菜の生食について、もっぱら治療効果があったり、あるいは逆に体に悪い場合にしか触れないので、すべての野菜について言及したわけではない。それでも唐代に野菜の生食がいかに一般的であったかがうかがえる。

宋になっても生食の名残がのこされている。同じく『山家清供』には、苦菜のサラダが紹介されている。「（苦菜を）醯《す》と醤《みそ》とで生菜《なま》のままあえるだけで、ただ、あまりに苦いときには薑《しようが》と塩とを加える」（中村喬訳、一九九五）とある。苦菜はめずらしいから記録されたので、そのほかの野菜もおそらく同じように食べられていたであろう。

南宋の高宗皇帝の皇后である憲聖皇后は生活がたいへん質素で、いつも御厨から「生菜」を進めさせたが、そのとき必ず牡丹の花びらを料理に混ぜるようにさせていたという（同右）。本来「生菜」はチシャを指すことが多いが、宮中のメニューは毎日同じということはないはずだから、多くの野菜がなまのままで食べられていたことが推測できる。奇癖として記されていなかったのは、野菜をなまで食べることがとりたててめずらしくなかったからであろう。

炒め料理の変遷

現代の中華料理では炒めはいつもメインディッシュである。ところで、炒め料理はいつ発明されたのだろうか。六朝にすでにあったという説があるが（王学太、一九八九）、説得力のある証拠は示されていない。前述のように、唐以前の文献から「炒め」のつく料理名はひとつも見あたらない。

もっとも古い炒め料理の記録は北宋の書物に見られる。とすれば、唐の後期にすでにあったかもしれない。しかし、宋になっても炒めは中心的な料理法ではなかった。たとえば『東京夢華録』では炒め物は肺の炒め、炒めアサリ、炒め蟹の三種類だけだ。現代では多く食べられている豚肉や鶏肉の炒めあるいは魚肉やエビの炒めはまったくない。都である汴京の料理屋のメニューにそうした料理がなかったのは、肉類の炒め料理が文化の中心地でまだひろく認知されていなかったことを示している。

宋が金との戦いに敗れ、南方に都を移してから、炒め料理はしだいに多く見られるようになった。南宋後期の書物と推定された『玉食批』には皇帝に進上する料理の数々が記録されている（『武林旧事』にも収録されている）。そのなかに、鶉肉炒めや田鰻炒めなど、それまでの文献に見られない炒め料理が出てくる。

そもそも炒め料理はかつて「南炒」（南方の炒め、という意味）と呼ばれていた。たとえば『玉食批』にある「田鰻炒め」は原文では「南炒鱔」（鱔とは田鰻という意味）と表記されている。炒め料理はおそらく魚介類など短時間の加熱がのぞましい食材を産する南方の沿海地域で発明されたのであろう。事実、『東京夢華録』にある三つの炒め料理のうち、二つが海鮮料理である。また、『玉食批』でも半数以上の炒め料理の食材が魚介類である。

南宋の『山家清供』という料理書は、田園に居を構え、質素な食生活を送ることをモットーとする著者の人生観を表している書物だから、記されているのはいきおい野菜料理が多い。興味深いことに、そのなかにとりわけ野菜炒めが多く記されている。たとえば「元修菜」という料理について、「野エンドウの苗はゴマ油で炒め、塩とみそで調味する」と書かれている。その料理法は、現代のエンドウの苗の食べ方とほとんど変わらない。

ただ、南宋になっても炒め料理はまだ主要な調理法ではなかったようだ。『山家清供』には多くの料理が記されているが、炒めものは五、六品しかない。同じく南宋の『玉食批』には九十八品の料理名が出てくるが、「鶉肉炒め」、「蛙炒め」、「かぶとがに炒め」、「(豚の)腎臓の炒め」、「田鰻炒め」など、「炒め」の名のつく料理は五、六品だけである。

中間加工としての炒め

同じ炒め料理でも、宋代の炒めは現代と微妙にちがっている。『山家清供』では現代と同じ野菜炒めは前述の野エンドウ炒めの一品だけ。そのほかの五、六例は、いずれも現代の「炒め」と異なっている。

たとえば、ウマゴヤシ炒めという、現代でもよく食べられている野菜料理がある。しかし、『山家清供』ではウマゴヤシをいったん熱湯でゆがいてから油で炒めると記されている。炒め料理はほんらい油の高温を利用して瞬間的に加熱し、うまみを食材のなかにとじ込めることが目的である。野菜をゆがいてから炒めると、あくを抜くことができるが、炒めの効果はほとんど期待できない。

もうひとつの特徴は「炒め」が中間加工法として用いられたことである。春菊と同種の「紫英菊」の調理法について、『山家清供』では、まず湯がき、油でさっと炒めてから、ショウガと塩を入れてあつものにする、と紹介している。炒めは油をしみ込ませるための加工法に過ぎない。ワンタンの具の作り方について、タケノコとワラビの柔らかいのを取り、別々に湯がいて油で炒め、調味料を入れて合わせるとあるが、これも中間加工法の例だと言えよう。

ただ、同じ中間加工法でも、「山家三脆《さんかさんぜい》」という料理ではタケノコ、キノコ、クコノメは炒めてからあつものにし、また、『山家清供』の「満山香」という項目には蒸し物の料理が紹介されていて、「水を一切用いず、ただ油で炒め、(菜から)汁が出たところでみそ、調味料を和わせ、ふたもので蒸す」とある。いずれも炒めがさきに行われているから、瞬間加熱の効果がある。とくに後者には「水をいっさい使わず、油で炒める」ということばがあるから、炒め料理の長所が意識的に利用されていたことがうかがえる。このような調理法は野菜にかぎらない。「東坡豆腐」も、豆腐を油で炒め、調味料を入れてから煮る料理である。

肉や魚の料理については、元代の『居家必用事類全集』に「四川風の鶏肉炒め」という料理が出てくる。宋末から元代にかけて、炒めという料理はしだいに肉類の加工に広まっていったのである。

淡泊な宋代料理

日本料理と中華料理のもっとも大きなちがいは二つある。ひとつは日本料理はあっさりしているのに対し、中華料理は油っこい、もうひとつは日本料理では薄味が上品だと見られているのに対し、中華料理は濃厚な味を尊ぶ、という点である。

ところが、『山家清供』など宋代の料理書を読むと、当時の料理は油はあまり多く使われていないのがわかる。筆者はときどきそうした料理書のレシピにもとづいて、当時の食べ物を自分で作ったりしている。ところが、できあがった料理を見ると、いつも驚いてしまう。どれも油気が少なく、現代の「中華料理」のイメージとだいぶちがうのである。むしろ、日本料理のようにさっぱりした味である。

たとえば、「蟹醸橙」という、蟹肉をゆずの皮につめて蒸した料理がある。作り方はだいたい次の通り。大きめのゆずを選び、上部を切り取り、なかごをえぐりとる。果汁を少し残しておき、そのなかに蟹のみそと肉をつめる。切り取った蔕《へた》つきの頂部でふたをして小さな蒸し鍋に入れ、酒と酢を加えた水で蒸しあげる。外見からして中華料理らしくない。油がいっさい使われていないから、懐石料理のなかに出てきてもまったくおかしくない。逆に、現代中国ではそのような食べ方はすでにない。

また、「山海兜」と呼ばれる、海鮮の包み蒸しがある。タケノコとワラビの柔らかいのを小さく切ってからゆでておき、新鮮な魚とエビとを角に切り、熱湯にひたしてから蒸す。蒸しあげた魚とエビにゆでたタケノコとワラビを入れ、みそ、塩、胡椒と食用油を加えてまぜあわせて具とする。緑豆でんぷんでつくった薄皮で春巻を作るように具を包み、一個ずつ皿にのせて蒸す。食用油が使われているとはいえ、タケノコとワラビはよく油を吸収するから、味はあっさりしている。この料理も中国ではすでに伝わっていない。

日本料理では、タケノコやシイタケを調理するとき、油をあまり使わず、ゆでるか蒸して加工することが多い。京都の割烹でタケノコ料理を食べたことがある。前菜からデザートまですべてタケノコが使われているタケノコ尽くしのコース料理であったが、そのときに驚いたのは、タケノコをゆでてそのまま出されたことである。中華料理ではタケノコを多めの油で火を通すのがふつうで、ゆでただけ、あるいは蒸しただけのタケノコは料理と思われていない。

ところが、宋代はじつはそうではなかった。『山家清供』「きのこの酒煮」には日本料理と似た料理法が紹介されている。きのこを水で煮、やや煮えたころに上質な酒を入れてさらに煮込む。タケノコを加えるとさらによい、とある。食用油はいっさい使わない。そのような調理法は現代ではすでに考えられない。

3　文人趣味と味覚

野菜の調理法

過去の時代の料理文化について考える場合、誰でもひとつの困難に直面する。すなわちどの階層の料理を時代の代表とするかだ。宮廷の料理はたしかにそれぞれの時代の料理文化の結晶ではあるが、かといって庶民の生活を無視していいわけはない。中国の場合は文人階層がいて、彼らはぜいたくな食生活を楽しむことはできないが、自分なりの世界観を食に反映させ、あるいは独自の美意識を食に求めてきた。そこで彼らは往々にしてみずからの食生活しか書き留めない。『山家清供』はその典型例である。この料理書だけで宋の食生活を復元しようとすれば、むろん無理がある。ただ、記録された料理法のパターンから、当時おもにどのような調理法が行われたかをおおよそ推測することはできる。

『山家清供』を見ると、野菜の調理法のなかで、もっとも多いのはおひたしである。つづいて吸い物、炒め物、揚げ物の順になる。おひたしと吸い物をあわせて二十品以上あるのに対し、中間加工を含めても、炒め物はわずか六例しかない。揚げ物はさらに少ない。

おひたしのなかで、現在でも食べられているのは芹とチシャぐらいである。ただ、同じおひたしとはいっても、宋代の芹のおひたしは酢漬けで、醬油とゴマ油を使う現代の食べ方とだいぶ味が異なる。現代中国では嫁菜、春菊、ダイコン、キュウリなども醬油とゴマ油で和えて食べるが、同じ料理は宋の料理書には見あたらない。

ニラは現在でもギョウザの具に使われたりして、庶民のあいだでひろく好まれている。料理の場合はほとんど例外なく炒めである。しかし、宋代は現在とちがい、ニラをゆでておひたしにして食べていた。どのような調味料が使われていたかは記されていないが、いずれにしてもニラのおひたしは現代人にはなじみのない味である。またタケノコ、ワラビ、ジュンサイやキノコ類はかつておひたしにして食べられていたが、いまはそうした食べ方はない。

正確に言えば、油を使わないひたしものは現代中国にはすでにない。いわゆる「拌菜」類は、なまの野菜か、あるいはゆでた野菜を醤油とゴマ油で和えたものである。しかし、宋代では塩と醤が中心で、ウイキョウや胡椒のような香辛料が加えられることが多い。ただ、ほとんどの場合食用油を入れない。油を入れない点で現代と大きくちがい、むしろ日本のひたしものの作り方にかなり近い。

透きとおる吸い物

ひたしものの次に多い食べ方は「羹《あつもの》」、つまり吸い物である。「羹」はもっとも古典的な料理で、春秋時代の文献にすでに見られる。宋代になると、新しい料理法が多く現れたが、それでも「羹」はなお主な料理法のひとつである。

『山家清供』を見ると、ウマゴヤシ、ダイコン、カブラの葉、アオイ、春菊などほとんどの野菜が吸い物に使われていた。しかも、野菜以外に肉や魚類を入れない。現代では貧しい山村は別として、ほとんどの地域でそのような吸い物はすでに食卓から消えている。少なくとも人々はそれをまともな料理とは思っていない。白菜、キャベツ、ナズナやダイコンなどは現代でも吸い物にして食べるが、いずれの場合も肉が必ず入っている。ウマゴヤシ、カブラの葉、アオイ、春菊やセリなどを吸い物に作ることはいまではほとんど聞かない。

宋代の吸い物と現代の吸い物のもうひとつの違いは、油がほとんど加えられていない点である。「驪塘羹《りとうこう》」という吸い物はダイコンと菜類を細かく切り、井戸水でとろけるほど煮込んだものである。青と白がまじった色で、食事のあと飲むと、どんな旨いものにも代え難いという。この描写を読むと、緑色の野菜が使われていることがわかる。油を入れない点では、現代の吸い物とまったくちがう。

筆者は日本に来て懐石料理をご馳走になったことがある。吸い物が出たとき、白湯のように透きとおった汁に魚の白い切り身がひとつ沈んでいるのを見て、すっかり驚いてしまった。ひどい料理だなと思いながら口にすると、意外とおいしく味が奥深い。いまの中華料理は吸い物の汁の色が濃いほど味が濃厚と思われ、水のような透きとおった汁はひとつもない。

ところが、日本料理と同じような吸い物が宋代にはあった。『山家清供』には「碧《へき》澗羹《かんこう》」という料理が紹介されている。セリを煮て味付けしたスープで、汁が澄んでいて、香ばしいという。谷間の緑のせせらぎのようだから、「碧澗羹」という名がつけられている。むろん油はまったく使われていない。この吸い物が当時の代表的な料理であったかどうかは断言しにくい。ただ、そのなかに用いられた調理法の基本は南宋の料理文化のなかでひろく行われていたのはまちがいないであろう。事実、そのほかの野菜類の吸い物にも肉は加えられていないから、汁の色はあまり濃くないはずである。

吸い物はいつ油っこくなったのか

油が加えられる吸い物でも、かつては現代のように油をどっぷりとかけるようなことはしない。「山家三脆」はタケノコ、キノコとクコノメを炒めてから煮あげた吸い物だが、タケノコに油がよくしみ込むから、油気をほとんど感じさせない。

むろんそのようなあっさりした吸い物が宮廷でも常食されていたかどうかは明らかではない。ただ、宋の高宗に供進した御膳にも「三脆羹」という吸い物がある。油っこくない吸い物が上品な料理と見られていたからこそ、皇帝に進上したのであろう。この意味では、宮廷の食文化は、文人の味覚や庶民の食生活からまったく断絶していたわけではない。

興味深いことに、宋代では油を加える吸い物は新しい料理であった。『山家清供』の著者はある日ショウガとアブラナとを煮て吸い物を作った。われながら上出来だと思っているところへ、友人が訪ねてきた。そこで新しい作り方を披露した。それは野菜を煮るとき、少し沸いたころに、食用油、醬と炒った香辛料の粉末を入れ、すぐ蓋をして煮込む、という方法である。出来上がって飲むと、たいへんおいしかったという。ところが、使われた調味料などを見ると、新しいのは食用油だけである。油を入れる吸い物が新しい料理であったことがうかがえる。事実、『山家清供』に記録された吸い物のなかで、油を加えないものが油を入れるものより多い。

宋代の野菜料理と現代とではもうひとつ決定的なちがいがある。宋代にはひたしものか吸い物か、あるいは炒め物かにかかわらず、ほとんどの場合、ショウガが必ず薬味として入れられている。たとえばウマゴヤシの炒めにはショウガが加えられている。「太守羹」という吸い物はただナスかヒユをゆでたものに過ぎないが、調理するときに必ずショウガを入れなければならないという。

蘇東坡はかつて「東坡羹」を作ったことがある。材料はハクサイかカブラの葉か、あるいはダイコンやナズナでもよい。あくを抜いたあと、菜を湯に入れ、生米とショウガを少々加える。最後に蒸してできあがる。現代では、それらの野菜を調理するとき、ショウガを入れるのは考えられない。ショウガはほとんどの場合肉や魚の料理にしか使わず、ナスをのぞいて野菜料理とは縁のないものである。

食材の移り変わり

現代の中華料理では、花はわずか二、三種類をのぞけば、食用にしない。菊の花を乾燥させて茶にすることはあるが、食べることはほとんどしなくなった。とりわけ樹木の葉っぱは飢饉時の非常食で、ふだんはほとんど口にしない。それに比べて、日本料理ではさまざまな葉っぱが料理に使われている。とりわけ地方にいくと、多くの植物の葉っぱが天ぷらにして食べられている。

中国も宋代では多くの花や葉っぱが食べられていた。とりわけ料理に使われた花の種類は多い。『山家清供』だけを例にあげてみると、菊の花、梅の花のほか、ぼたんの花、くちなしの花、はすの花やとびの花などが見られる。ただ、文人のあいだで、花は風流な心のメタファーとして料理に使われることが多い。食用の花の栽培が記録に見られない以上、ひろくゆきわたった食習慣とは言い難いかもしれない。しかし、かつて食材の選択は後世より幅がひろかったことは否めない。

葉っぱもかつては後世ほど敬遠されていなかった。柳の柔らかい葉はニラといっしょにひたしものにされ、ハコネウツギの葉も吸い物に用いられていた。また、エンジュの葉っぱを小麦粉にまぜて、麺にする食べ方もあった。いずれも現代では考えられない食べ方である。

食材にも変化があった。現代中国ではゴボウを食べず、栽培しているものはもっぱら日本に輸出している。しかし、宋代ではゴボウはれっきとした食材であった。「ゴボウの煮干し」という料理がある。ゴボウの根の皮を剝き、煮てから槌でたたいて水分を取る。塩、みそ、ウイキョウ、ショウガ、食用油などとすりあわせて、一両日浸してから、火にかざして乾かす。干し肉のような味がするという。この料理は現代にはすでに伝わらない。

【第六章】

箸よ、おまえもか——宋元時代

「韓熙載夜宴図」栄宝斎木版水印本

1　箸はなぜ縦向きに置くのか

中国も箸は横向きだった

日本では箸を横向きに置くのが常識である。中国では逆に縦向きに置かなければならない。箸の置き方ひとつで、比較文化論を大いに展開したいところだが、そのまえにまず単純な疑問がひとつある。箸は中国から伝わってきたのに、なぜ当時の日本人はわざとちがう使い方をしたのか。筆者の経験では、どうやらありえないようだ。日中国交回復後、すき焼きや寿司が中国に入った。はじめて日本料理をまえにしたとき、われわれはまず正しい食べ方やテーブルマナーから勉強した。外国の料理をなるべく本場らしく賞味したいのは人間に共通する気持ちである。だとすれば、古代の日本も例外ではない。もし日本がちがうのなら、少なくとも、中国では古代から箸を縦向きに置いていた、ということを証明しなければならない。

じつはわたしはむしろ異なる仮説を持っていた。日本で箸を横向きに置くのを見て、中国も古代ではそうだったのかもしれないと思った。長い歴史のなかで中国ではなにかの理由で、箸を縦向きに置くようになったのだが、日本はまだもとのままなのではないか、と考えていた。それを証明するために、さまざまな資料を調べた。ところが、いっこうに手がかりが見つからない。よく考えると、不思議なことではない。箸の置き方など、ふだん誰も気にもとめず、ましてや記録しようとは思わなかったのであろう。

文献調査をほとんどあきらめていた頃、意外にも唐代の壁画に証拠が見つかった。一九八七年に陝西省長安県の南里王村で唐代中期の墓が発掘され、墓室の壁画が見つかった。宴会の場面を描いたものだが、低い食卓の上に箸が横向きに置かれているのがはっきりとうかがえる（次頁図1）。証拠はこれだけではない。敦煌《とんこう》の莫高窟《ばつこうくつ》の四七三窟の壁画にも宴席の場面が出てくるが、箸とちりれんげは横向きに置かれている。また、楡林《ゆりん》二五窟に結婚披露宴の場面を描いた壁画がある（第四章扉参照）。絵は破損して一部しか見えないが、男性の前の箸は横向きに置かれているのが確認できる。少なくとも唐代までは中国も箸を横向きに置いていたことが証明されたのである。

図１　唐代の宴会（墓室壁画）

宋、元における変化

ところで、横向きの箸をいつ縦向きに置くようになったのか。唐・李商隠『雑纂』巻上「悪模様」に、行儀が悪い典型として「箸を碗の上に横に置く」ことをあげている。ただ、『雑纂』に悪口を叩かれたからといって、それが必ずしも社会通念を代表しているとはかぎらない。むしろ現代の評論家のように、個人的な好みから社会の常識やマナーを逆説的に批判していたのかもしれない。

事実、そのことに触れて、清の梁章鉅は『浪迹続談』巻八のなかで、「箸を碗の上に横に置く」風習は後の時代にも残っていたと証言している。本来、箸を碗の上に横向きに置くのは、目上の人よりさきに食べ終わったときに謙遜の意をあらわすためだったのが、明代になると、明の太祖がこの習慣を嫌ったことから、その後、悪いマナーと思われるようになったのだという。

梁章鉅の説にしたがえば、食後に碗の上に箸を横向きに置くのが不作法と見なされるようになったのは、明代のことである。かりにその連想で食前に箸を横向きに置く習慣もタブーになったとすれば、箸を縦向きに置く習慣は明代にはじまることになる。

しかし、実際はそうではない。山西省高平の開化寺に「善事太子本生故事」と題する宋代の壁画がある（次頁図2）。絵はあまり明瞭ではないが、箸は縦向きに置かれているのがわかる。

「韓熙《かんき》載《さい》夜宴図」という絵巻がある。南唐の大臣をしていた韓熙載の歓楽を尽くした生活を描いたもので、五代の画家である顧閎中《ここうちゅう》の作と伝えられている。しかし、七〇年代に新しい研究結果が発表され、絵の描き方や絵のなかの人物の服装としぐさから、制作年代は南唐ではなく、宋代のはじめだったと推定された（沈従文、一九八一）。

じつは「韓熙載夜宴図」は複数の版があり、細部が微妙に違う。北京の故宮博物院所蔵の版には箸が見えないが、栄宝斎木版水印本には箸が描かれている。しかも、そ

図２「善事太子本生故事」（宋代の壁画）

の箸は縦向きに置かれている（章扉参照）。後者にはなぜ箸が出てくるのか。また、その箸は果たしてもとの絵に描かれていたのか、それとも後世の人が手を加えたものなのかは定かではない。いずれにしても、箸を縦向きに置く風習が宋代以降に現れた、ということはまちがいない。

『事林広記』に、モンゴルの官吏がすごろくで遊んでいる様子を描いた挿絵がある（図3）。その右側のテーブルに料理、とっくり、盃とともに、縦向きに置いた箸が描かれている。『事林広記』は宋の陳元靚が編集したものだが、もとの版に誤りがあったので、元代に増補本が刊行

図３　『事林広記』挿絵

図４　『金璧故事』（明代）

され、広く流布していた。挿絵は元代のものが交じっている。つまり、宋代、遅くとも元になると、箸の縦向きはすでに定着した。

明代には印刷術の発達により、挿絵入りの本が多数出版されるようになった。食卓の場面を見ると、箸は例外なく縦向きに置かれている。万暦年間に刊行された『金壁故事』（鄭以偉編）の挿絵はその一例である（前頁図4）。

ござからテーブルへ

そもそも唐から宋のあいだに食生活の様式に大きな変化が起きた。

後漢の墓には画像を彫った画像石がたくさん使われている。そうした絵から当時の飲食や食習慣の一端を知ることができる。四川省成都に出土した「出行宴楽画像」（図5）には、後漢の宴会の場面が出てくる。参加者たちはみなござの上に座って飲み食いをし、料理は短い足のついたお膳の上に置かれている。中国でもかつては日本と同じように、椅子とテーブルは使われていなかった。

前出の陝西省長安県南里王村の壁画では、主客はござの上ではなく、脚の短い腰掛けに座り、食卓も脚の短いテーブルが使われている。唐代からござが使われなくなっ

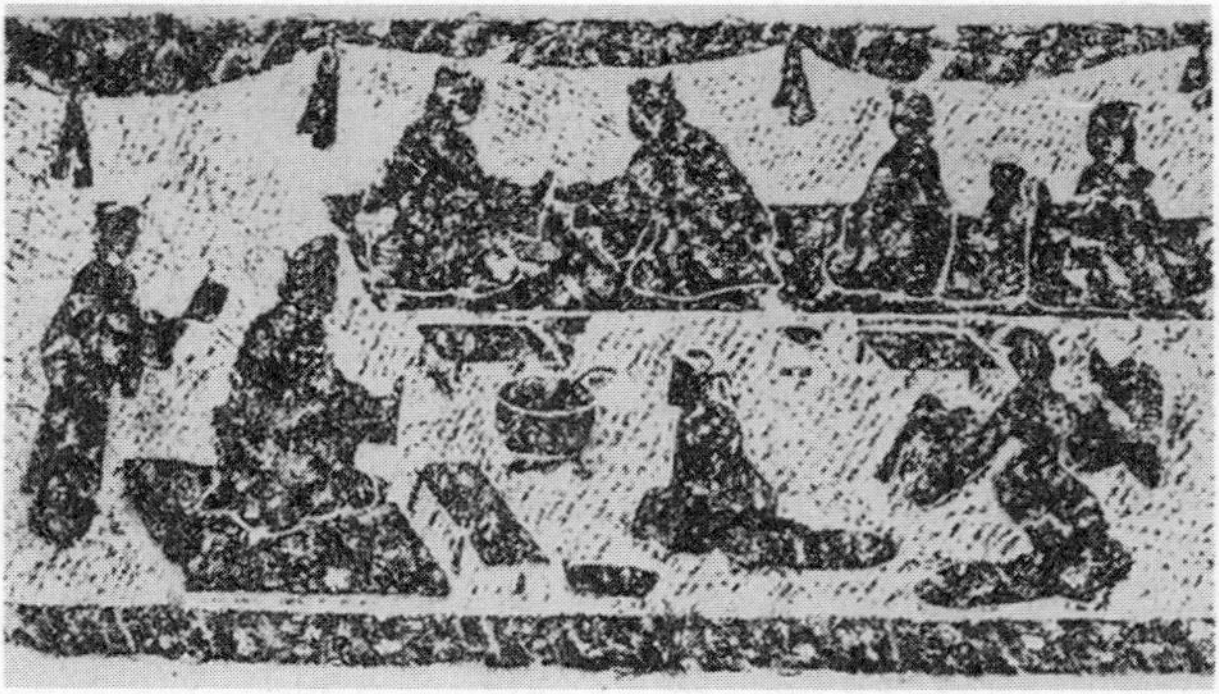

図５　「出行宴楽画像」（後漢時代）

図６　「宮楽図」（唐代中期）

たことがわかる。

同じく唐代の風習を知る上で、興味深い絵が残されている。台湾故宮博物院に所蔵されている「宮楽図」（前頁図6）である。現存するのは宋代の模写だが、もとの絵は唐代中期に作製されたものである（沈従文、一九八一）。音楽を聞きながら、お茶を飲んでいる場面だが、宮廷生活のなかで椅子とテーブルがすっかり定着したことを示している。

この「宮楽図」と陝西省長安県南里王村の墓室壁画は制作年代が同じく中唐なのに、両者を比べると、テーブルと椅子の外形や使い方が異なる。明らかに階層によって使われている調度品とその使用法がちがう。

現在と同じようなテーブルを使って食事をする風習はいつからはじまったのか。

再び「韓熙載夜宴図」を見ると、宋代のはじめには椅子とテーブルの使用は現在とほとんど変わらないことがわかる。しかし、この絵に描かれたのは権力の中枢にいたトップ官僚で、その生活は必ずしも民間と同じではない。はたして庶民生活ではどうだったのか。

宋代の墓から出土した壁画に「宴飲」という絵がある（図7）。絵のなかの人物は墓の主人だが、身分はさだかではない。しかし、服装と調度品から見ると、上層階級ではない。ただ、使用人も雇われているから、ある程度の地位と経済力があったことが推測できる。おそらく下級役人か小商人であろう。「韓熙載夜宴図」のなかの精巧な椅子やテーブルとちがい、「宴飲」のなかの椅子とテーブルは作りが粗雑である。

図７　「宴飲」（宋代の壁画）

この壁画から、宋代には一般庶民のあいだでも椅子とテーブルが日常的に使われるようになったことがうかがえる。

箸の縦置きと食事用ナイフ

ところで、ござから椅子とテーブルの生活に変わったとしても、箸とは直接的な関係はない。なぜ宋代から元代までのあいだに、横向きに置く箸を縦向きに置くようになったのか。

唐と宋のあいだは五代十国と呼ばれた

動乱の時代である。その間、北方の騎馬民族が次から次へと中原に入り、王朝を打ち立てた。それにともなって多くの異民族が漢民族の居住地域に移民してきた。彼らは牧畜に従事していたから、肉を主食にしていた。食事には当然ナイフが使われていた。刃物はうっかりすると怪我をする恐れがあるから、食事のときには自然とナイフの先を反対側に向くように置く。それは、フォークとナイフを使う西洋の食事マナーを見ても一目瞭然である。

事実、モンゴル料理の場合は、ナイフは縦向きに置かれている。五代十国のとき、騎馬民族の食習慣がかなり南下したであろう。移民してきた人々はナイフを使う習慣をそのまま持ち込んだはずだから、ナイフと同じように箸も縦向きに置いたのは想像に難くない。文化の中心である宮廷でも、皇帝をはじめ騎馬民族の高級官僚は無意識のうちに、箸を縦向きに置いたにちがいない。古代から、宴会は皇帝の権威を示す儀礼として多く催されていた。異民族の政権も皇帝を名乗ったから、宴会の慣習を受け継いだ。そうするなかで、箸を縦向きに置く習慣は、しだいに上層部に浸透するようになったのではないかと考えられる。それに中国では断面が丸い箸がよく用いられている。椅子とテーブルの生活では、箸を縦向きに置くと、箸が食卓から落ちにくいという利点もあったのかもしれない。

箸と匙の役割分担

そもそも箸の使い方は歴史のなかで変化してきた。箸は古くからあったが、食事のときにはつねに匙とともに使われていた。第一章でも述べたように、春秋時代は箸で飯を食べる習慣はまだなかった。

唐代になっても、箸と匙はほぼ半々に使われていた。飯を食べるときも、箸ではなく、匙が使われていた。『唐摭言』巻十五「閩中進士」に次のようなエピソードがある。東宮の官吏である薛令之は重用されなかったため、その恨みを詩に書いた。「朝《あさ》旭《ひ》上《のぼ》り団団《だんだん》、照らし見ゆる先生の盤《さら》を。盤中《ばんちゅう》の何《いずれ》の所にか有らん、苜蓿《もくしゅく》欄干《らんかん》に長《のび》る。飯渋《めししぶ》り匙綰《さじすべ》りにくく、羹稀《こううす》く箸寛《はしひろ》め易し」。それを読んだ玄宗は腹が立ち、いやならやめればよい、という意味の詩を書いた。玄宗の詩を読んだ薛令之は怖くなり、辞職して郷里にもどったという。

右に引用した詩句の最後の二句を読むと、当時、飯を食べるには匙が用いられ、スープの中身を採るには箸が使われていたことがうかがえる。開元年間（七一三〜七四一年）のことである。

一方、料理の種類が多くなるにしたがって、箸でなければ採れないものも増えてきた。唐の馮贄の『雲仙雑記』巻五に、「王縉《おうしん》酒を飲むに、鴨肝猪肚《おうかんちょと》に非《あら》ずんば筯《はし》を輒《すなわ》ち挙げず」とある。王縉という人は鴨の肝臓や豚の胃袋の料理が好きで、酒を飲むときにその二つの料理がなければ箸を手にしない、という意味である。料理を採るときに箸が使われていたことがうかがえる。事実、唐代には酒宴の席に匙を置かず、箸だけ使われていた場合もある（図1参照）。

箸が主役に

現代中国では箸がおもな食事道具で、飯もおかずも箸を使って食べる。日本ではチャーハンやライスカレーはスプーンで食べるのが常識だが、中国ではチャーハンも箸で食べる。ワンタンやスープなどをのぞいて、ちりれんげもあまり使わない。飯を匙で食べる唐代とはだいぶ異なっている。朝鮮半島ではいまでもスプーンで飯を食べるが、もしかすると、古代の名残かもしれない。

ところで、箸を使って飯を食べる習慣はいつからはじまったのか。

『東京夢華録』「食べもの店」に、宋代のレストランの様子や、料理および客の注文の仕方が詳しく記録されている。そのなかに興味深い記述がある。

どの店もそれぞれ座敷（まん中のホール——引用者注）と東西の棟（東西両側の部屋——引用者注）があり、何番何番と部屋の順番を呼んでいる。客が座につくと、一人のボーイが箸と紙とを持って、一わたり客の注文を聞く。

右の引用のなかの「紙」は「紙花」ともいい、箸を拭くためのナプキンであろう。宋代の外食業では客に箸を出すが、ちりれんげは出さないところが興味深い。

箸とラーメン

同じ章のなかで、うどんを紹介するくだりに次のような証言がある。

うどんと肉と半々に入っているのを「合羹」という。また「単羹」というのもあるが、それはうどんか肉の片方だけである。以前は匙だけを使ったが、今はみな箸を使う。

「うどん」は原文で「麪」となっており、ラーメンのことである。「麪」ということばは現在とほぼ同じである。かつてはうどんを食べるときにも匙が使われていた。おそらく外食業だけでなく、家庭でも同じだったであろう。

ところが、うどんを食べるには匙よりも箸の方がはるかに便利である。誰でもわかることなのに、なぜ宋代になって、ようやく箸を使うようになったのか。その原因はおそらくうどんの外形と関係があるだろう。もともと中国ではゆでた小麦粉の食品を「湯餅」と称しており、形は必ずしも細長いとはかぎらない。宋代になると、変化が起きた。

麵類は小麦粉を原料とする食品だから、一般に北方の食べ物というイメージがある。しかし宋代はそうではなかった。『夢粱録』巻十六「麪食店」によると、北宋のとき、首都汴京では、南方の人たちのために、南食、麪店、川飯、分茶などと呼ばれる南方料理の店が開かれていたという。「麪店」はラーメン屋のことだから、麵類は南方の食べ物であった。細いラーメンは、南方の食べ物として北方に広まったことがうかがえる。そして、細いラーメンの北上とともに、箸もしだいに主食に使われるようになったのであろう。

箸で飯を食べる

匙で飯を食べる習慣は、宋代になってもまだ残っていた。明代の田汝成『西湖志余』によると、宋の高宗（在位、一一二七～一一六二年）はたいへんな倹約家で、食事のときに必ず匙と箸をそれぞれ二通り用意し、出された料理から食べられる量だけ別の箸で取り、飯も一人前を別の匙で自分の碗によそっていた。当時、宮廷文化ではまだ匙で飯を食べていたことがわかる。

時代ははるかに下り、明代の嘉靖三十五年（一五五六年）にポルトガル人宣教師ガスパール・ダ・クルスが中国を訪れた。彼は中国滞在中に箸の使い方を詳しく観察し、後に綴った見聞録のなかで、興味深い証言を残している。

平皿は順々に積みあげてはあるものの、丁寧に重ねてあるから、食卓についている者は、これを引き抜いたり動かしたりする必要なしに、欲しいと思うものを食べることができた。すぐかたわらには、たいそう華やかな金塗りの二本の短棒〔箸〕があった。これを指と指とのあいだに挟んで食事をするのである。彼らはこれを鍛冶火箸の要領で駆使する。だから、彼らは卓上にあるいかなるものにも手を触れない。彼らは椀一杯の飯を食べるのもこの（短）棒をもってするのだが、そのさいただの一粒といえどもこぼしたりはしない。（日埜博司訳、一九八七）

ガスパール・ダ・クルスが見たのは広東省の風習である。一五七五年頃スペイン人宣教師マルティン・デ・ラダは中国の福建を訪れた。彼は後にまとめた報告書『大明の中国事情』のなかで、「（中国人は）食事がはじまるときに、パンはなく、まず肉を食べ、それからパンのかわりに、三、四杯の飯を口にする。それも棒で食べる」と書いている。言うまでもなく、「棒」とは箸のことである。明代になると、飯を食べるのに箸が使われていたことはもはや疑う余地はない。

南方だけではない。一五八二年にマカオに上陸し、湖南省韶州、江西省南昌、南京を経由して北京に到着し、一六一〇年に北京で一生を終えたマッテーオ・リッチは中国の各地を訪れている。その『中国キリスト教布教史』のなかでも、中国人が箸で飯を食べることが記録されている。十六世紀には箸で飯を食べる習慣はすでに中国全域に普及していたのであろう。

南北のちがい

宋の高宗のときから、ガスパール・ダ・クルスが中国を訪れた一五五六年までのあいだには約四百年ある。その間に、匙で飯を食べる習慣が変わり、箸で食べるようになった。何年に変化したかは定かではない。ただ、風習というものは一夜のうちに変化するはずはない。かりに四百年の真ん中が転換点だとすれば、ちょうど元代の後期から明代のはじめ頃になる。

おそらく明王朝の成立、とりわけ都が北京に移ったことが大きな原因であろう。

そもそも元代には北方と南方の食習慣に大きな違いがあった。南方の人たちは食事におもに箸を使うのに対し、北方の中国人は匙を用いていた（史衛民、一九九六）。『析津志輯佚』「風俗」の「（北方では）木の匙が多用され、箸はあまり使わない。大きい皿と木の杓子を使い、地面に座ってともに食べる」という証言は、北方民族がみずからの食文化を中原地域に持ち込んだことを物語っている。

明は南方人が権力を掌握する王朝である。最初は南京に都を定めたが、まもなく北京に遷都した。宮廷や文武百官とともに、多くの南方人が北方に移り住んだ。彼らは南方の食材だけでなく、食習慣も食事マナーも北へ持ち込んだであろう。箸で飯を食う風習が全中国に広まったのはそのためかもしれない。

2 元代の料理と料理法

盛大な饗宴

マルコ・ポーロは『東方見聞録』のなかでモンゴルの王であるハーンの主催する饗宴について次のように書いている。

カーン〔ハーン〕の食卓は一般者のそれに比べてぐっと高く設けられる。彼は北側に正位して南面する。カーンのかたわらには左側に第一皇后の席がある。右側は一段低くなって、着席者の頭がちょうどカーンの足下にあたる平面に皇子、皇孫、皇族諸王が列座する。（中略）以下重臣たちは更に一段下がったテーブルにつく。（中略）ただし、饗宴に参列する人々すべてがこんなふうに食卓につけるわけではない。大部分の武臣や高官は広間の絨毯上に坐して食事するのであり、特定の食卓はあてがわれない。食卓がこのように配列されているから、カーンはいながらにして全陪席者を見渡すことができる。陪食者の数はおびただしいもので、広間の外にもなお四万人以上の人々があって食事をともにしている。（愛宕松男訳、一九七〇）

饗宴に出される飲み物は、黄金の容器に入れられた酒のほか、「馬乳、ラクダ乳などといった特製飲料が盛られている」（同右）。元・陶宗儀『輟耕録《てっこうろく》』巻二十一「喝盞」によると、宮廷饗宴の飲酒儀式は金王朝のしきたりを踏襲したものだという。

ところが、肝心の料理についてマルコ・ポーロは「御馳走はと言えば、その豊富な献立はとても信じてもらえそうにもないから、ここに説明するのを割愛するとしよう」と言って、まったく触れようとしない。

羊肉尽くしの宮廷料理

元王朝の宮廷に忽思慧《こつしけい》という飲膳太医がいた。飲膳太医とは皇帝の栄養士兼専門医のことである。忽思慧は天暦三年（一三三〇年）に元の文宗に『飲膳正要』という養生の本を献上した。そのなかに宮廷料理が数多く記録されているが、とりわけ「聚珍異饌」という章に取り上げられた九十五品の料理は滋養強壮のために考案されたメニューで、一種の薬膳料理である。「聚珍異饌」とはいえ、ぜいを尽くした唐、宋の宮廷料理に比べると、かなり質素である。ハーンは常軌を逸した美食三昧をしていなかったようだ。

一口に「料理」とは言っても、じつは右に触れた九十五品のなかには、麺類、パン類（蒸し饅頭と焼きパン）に粥なども含まれている。ほんとうの意味での料理は、スープ類、炒め物、蒸し物、焼き物、和え物などである。主食が小麦粉の食品だったためか、吸い物が多く、豪華なメイン料理はほとんどスープ類である。このスープ類はさらに湯（スープ）、粉（春雨入りスープ）、羹（とろみをつけたスープか、ワンタン入りスープ）などに分けられる。ただ、分類基準はあまり厳密でないから、「湯」や「羹」などの名付け方は必ずしも正確ではない。

ハーンの好みも取り上げられた料理や食品からうかがえる。羊肉が各種の料理に多用され、スープのだしとしてもふんだんに使われている。鹿の頭のスープ、熊のもも肉のスープなど羊肉をまったく用いない料理や、饅頭、焼きパンなどはわずか十七品で、九十五品のなかで十八パーセント弱に過ぎない。

元代の料理

元代にはモンゴル人だけでなく、「色目人」と呼ばれた他の少数民族も多く中原に移住した。そのため、さまざまな民族からエスニック料理が流れ込み、料理の種類も調理法もいっそう多様になった。

『居家必用事類全集』の「飲食類」には、元代の多くの料理が収録され、作り方も詳細に記録されている。一九九五年、中村喬氏による訳注本が刊行され、元代の食生活の大まかな様子を知ることができるようになった。

『居家必用事類全集』を読むと、「煮る」、「蒸す」、「焼く」、「炒める」、「塩漬け」など現代にある料理法はほぼそろっている。また、なますなど、現在すでになくなった食べ物も記録されている。一方、同じ「炒め」でも現代では、油の量、油温、炒める時間、下ごしらえの有無（生の食材を炒めるか、茹でてから炒めるか）などによって細かく分けられているが、元代の炒め料理にまだそうした微妙なちがいはなかった。

そもそも元代では炒め料理はメインの料理法ではなかった。『居家必用事類全集』には「炒め」ということばが数カ所出ているが、現在の炒め料理と同じなのはわずか一、二例しかない。野菜の調理はなおもおひたしや塩漬けが中心であった。

さまざまな民族料理

『飲膳正要』にはモンゴルの料理や、あるいはモンゴル料理の風味を生かしながら、中原地域の調理法も採り入れた食品が数多く紹介されている。『居家必用事類全集』「飲食類」にはさらに「回回食品」と「女直食品」の章がある。

「回回」とは元代の少数民族で、古くは「回紇《かいこつ》」と呼ばれていた。唐代の頃、回紇の王はみずから「回鶻《かいこつ》」と改名した。元代に入ると、「回鶻」はしだいにイスラム化し、現在新疆に居住するウイグル族や回族がその子孫にあたるとされている。

『居家必用事類全集』に出てくる「回回」はもっとひろい意味があり、「回鶻」以外の民族も含まれていたかもしれない。いずれにしても、中国の西部に居住したイスラム系の民族であることに変わりはない。

「回回食品」には全部で十二種あるが、中国語で理解できるのはわずか四品。そのほかはすべてそのまま漢字に音訳されたものである。「哈里撒《はりさ》」（肉ジャム）、「河西肺《かせいはい》」（羊の肺のナッツ詰め）の二品をのぞいて、ほかの十品は全部、点心類である。

「女直食品」の女直は女真族の意味である。肉料理が三品、野菜料理一品とケーキ類が二品の、計六品が記されている。食材はアオイ、羊、家鴨《あひる》、雉などで、とりたてめずらしいものではない。外来の料理として取り上げられたのは、調理法の新しさであろう。

「女直食品」に「塔不剌《ターブラ》鴨子《おうし》」という、家鴨のみそ煮がある。煮込みはそれまでにもあった調理法なのに、なぜわざわざエスニック料理として紹介されているのか。理由はみそを使い、しかも汁がほとんどなくなるまで煮込むところにあるからであろう。中国のみそは日本の赤みそと同じように色が濃い。この料理に使われた楡のみそもおそらく赤茶色と思われる。みその水分をとばすと、出来上がりは焼き家鴨のように見える。いまでも「醬鴨」という家庭料理は同じ方法で作られている。ただ、現在はみそではなく、醬油が用いられている。『居家必用事類全集』には、家鴨のほか鵞鳥や鶏も作り方は同じだ、とあるが、その点も現在と変わらない。

3　春巻の来歴

春巻という名称は新しい

春巻は日本だけでなく、アメリカやヨーロッパでも「スプリング・ロール」の名でひろく知られている。ところで、この食品は中国ではいったいいつ頃からあったのか。『夢粱録』巻十六「葷素従食店」に、「市食点心に薄皮春䗤《しゅんけん》、生餡饅頭有り」とある。「春䗤」は春巻のような食品だとされている。しかし、同書は作り方についても外形についてもまったく触れていない。そもそも「春䗤」を春巻とする説は根拠がとぼしい。『武林旧事』巻六「市食」にも「春䗤」が出てくる。しかし、それは「蒸作従食」つまり「蒸し物の軽食」類に入れられているから、揚げ物ではなく、蒸しものということがわかる。

じつは「春巻」という名前は中国ではせいぜい百年ぐらいの歴史しかない。清の料理書『食憲鴻秘』、『随園食単』、『醒園録』、『調鼎集』にはいずれも「春巻」という食品名は見あたらない。それだけでなく、二十世紀はじめに刊行された料理書にもまだ「春巻」ということばは出てこない。

皮の作り方

ただ、春巻と似た食物がなかったわけではない。たとえば『調鼎集』には「肉餡巻《にくかんけん》酥《そ》」と「肉餡煎餅《にくかんせんべい》」の作り方が紹介されている。前者はみじん切りにした肉とタケノコを調理して餡にし、油でこねた小麦粉の皮で巻いて揚げたもの。後者は肉とネギの細切りを炒め、小麦粉の皮で細長く巻いて揚げたものである。いずれも春巻の作り方と似ており、とりわけ後者の方は形も現在の春巻とほとんど変わらない。

しかし、「肉餡巻酥」にしても「肉餡煎餅」にしても、皮の作り方は現代とまったくちがう。現在、春巻の皮は小麦粉のなかのでんぷんを取り去ったグルテンで作られている。直径十センチほどのグルテンのかたまりを作っておき、炉の上に円形の大きい鉄板を置く。熱くなった鉄板の上にグルテンの玉を軽く押しのばしてからすぐ持ち上げる。すると、一枚の春巻の皮ができあがる。しかし、『調鼎集』の場合、春巻の皮は小麦粉をこねて皮にする、と書かれている。

清代にはグルテンの作り方が知られていなかったわけではない。小麦粉をこねたのを水で洗い、でんぷんを取り去って生麩にする方法が宋代の記録にすでに見られる。たとえば、沈括『夢渓筆談』「弁証二」には「小麦粉のなかに筋があり、水ねりした小麦粉を洗い尽くせば、則ち麪筋（グルテン）が現れる」（梅原郁訳、一九七八）と、グルテンの作り方が紹介されている。

『調鼎集』だけではない。清代の料理書には、グルテンで春巻の皮を作る記録が見あたらない。言い換えれば、現代のような春巻の皮はもっと後の時代に考え出されたものだ。ただ、皮がちがっていたとしても、「肉餡巻酥」や「肉餡煎餅」が春巻の原型であったことに変わりはない。

甘い春巻のルーツ

「肉餡巻酥」や「肉餡煎餅」のような食品は清代になってはじめて現れたのではない。小麦粉をこねて皮とし、肉や野菜を包んで揚げた食品はもっと古くさかのぼる。

元代には、春巻らしいものの詳しい作り方を記述した資料が現れた。『居家必用事類全集』「飲食類」には「捲煎餅《けんせんべい》」という食品の作り方が記されている。

（水どきした麪《こむぎこ》を鏊《ひらなべ》の上に）薄く攤《ひろ》げて煎餅にする。胡桃《くるみ》の仁《み》、松の仁《み》、桃の核仁《たねにく》、榛《はしばみ》の仁《み》、嫩《わか》い蓮《はす》の肉《み》、乾柿《ほしがき》、熟藕《にれんこん》、銀杏《ぎんなん》、熟栗《にぐり》、芭攬《ばらん》の仁《み》、以上を栗黄《くり》を片《ひら》に切るほかはみな細かくきざみ、蜜と糖霜《さとう》で和え、みじん切りの羊肉、薑末、塩、葱を加えて味を調え、これを餡にしてさきの煎餅に捲《ま》き入れ、油でこんがりと煠《あ》げる。（中村喬訳、一九九五、以下同）

皮の作り方には触れていないが、揚げ方は現在とほぼ変わらない。少なくとも春巻の原型はこの食品にさかのぼることができる。

しかし具の材料は現在の春巻とまるっきり異なる。ナッツや乾し果物類が使われているから、どちらかと言えば、月餅に近い。蜜、砂糖と塩の分量が明記されていないから、断定することはできないが、おそらく味は甘辛いであろう。材料の性質から考えると、甘みのつよいものである可能性は大きい。

現代の日本で春巻と言えば、塩味があたりまえである。ところが、中国では塩味のほか、甘い春巻がある。もっともポピュラーなのは小豆餡。いまの中国では塩味と甘味の両方とも同じように好まれている。「捲煎餅」は、餡を皮で捲くと書いてある。この作り方から推測すると、形は細長いのであろう。外形や油で揚げることの二点において春巻とほとんど変わらない。

春巻の原型は外来のもの

興味深いことに、『居家必用事類全集』のなかで、「捲煎餅」は異民族の食物を記録した「回回食品」に収められている。つまり、春巻の原型のひとつはイスラム系民族の食品である。

そもそも食品の起源と伝播はわかりにくい。「捲煎餅」が「回回食品」の分類に収められていたのは、当時、もっぱらイスラム系民族の人たちが食べていたからであろう。『居家必用事類全集』の作者が同時代人でなければけっして知りえない事実である。

ただ、春巻らしい食品はほかにもある。同じ『居家必用事類全集』のなかに、「七宝捲煎餅」という食品がある。作り方は次の通り。

白麪《こむぎこ》二斤半に冷水を和わせて、まず硬い剤《きじ》にし、徐々に水を添えて糊状にする。それを〔少量の〕油を入れた銚盤（フライパンのような鍋）の上に薄く攤《ひろ》げて煎餅にし、餡を捲餅のように〔巻き〕包んで、もう一度〔油で〕煎《や》いて供する。餡は羊肉の細かな角切りを炒めたもの、蘑菇《はらたけ》、ゆで蝦《えび》の身、松仁《まつのみ》、胡桃仁《くるみのみ》、白糖末、みじん切り薑《しょうが》に、炒め葱、乾薑末、塩、醋それぞれ少々加えて、ちょうどよい味に調えて用いる。

作り方も餡も「捲煎餅」とほとんど同じだが、なぜか「七宝捲煎餅」の方は「回回食品」にも「女直食品」にも入れられていない。不思議なようにも見える。その理由はおそらく最後の仕上げにあるだろう。「捲煎餅」では「煠」、つまり揚げるのに対し、「七宝捲煎餅」では「煎」、つまり「少なめの油で焼く」のである。そして、揚げる場合は中身が漏れないように皮で包まなければならないのに対し、油で焼く場合は両端を閉じなくてもよい。だから、外形もちがうかもしれない。じじつ、薄いパンで包んだ細長い食品は現代中国にもある。

この推測はおそらくまちがいないであろう。たとえば、中国にもかつて天ぷらのような食品があった。しかし、一九八〇年代に日本の天ぷらが中国に入ったとき、誰もが外来の料理だと思っていた。天ぷらの作り方は中国の従来の揚げ物とほんの少ししかちがわない。しかし、揚げ方と風味と歯ごたえの微妙な差が区別の基準になった。元代の人々が「捲煎餅」を外来の食品と認識したのも同じ理由であろう。

「捲煎餅」はのちに中国でひろまり、もはや回回の食品と知る人はほとんどいない。明になると、高濂《こうれん》は『遵生八牋《じゅんせいはつせん》』「飲饌服食牋」のなかで、「巻煎餅」の作り方を紹介している。餡が羊肉から豚肉に替わった点をのぞけば、加工法は『居家必用事類全集』の「捲煎餅」とほぼ同じである。『遵生八牋』のなかの「巻煎餅」は春巻の原型だと言われているが、そのルーツはじつは元代のイスラムの食品にさかのぼる。

【第七章】ああ、フカヒレ——明清時代

清の宮廷料理（再現）

1　珍味が発見されるまで

フカヒレは姿煮にかぎる

フカヒレスープを一度飲んだだけで大いに満足し、この高級料理のことをすっかり知り尽くしたように思う人は少なくないであろう。残念ながら、フカヒレスープを飲んだくらいでは、フカヒレを食べたことにはならない。ほんとうの味を知りたいなら、姿煮を食べなければならない。少々値が張るが、一度食べてみる価値がある。中華料理の特色はこの一品に凝縮されているからだ。フカヒレスープは子供だましに過ぎない。

サメのヒレから取り出すフカヒレは新月か半月の形をしている。特上のものを除けば、幅はもっともひろいところでもせいぜい五、六センチぐらい。この部分だけが姿煮に使われる。それ以外は糸状の「切れ端」である。フカヒレスープにはこのばらばらの「切れ端」が用いられる。フカヒレであることはまちがいないが、言ってみれば、

「廃材利用」に過ぎない。

中華レストランにとって、フカヒレスープはコストが安い分、利益を上げやすい。高級料理の名のみあって、実がない。にもかかわらず、客はなにも知らない。逆に珍味を味わえたと思いこみ、大喜びする。

フカヒレは軟骨の部分である。ほんらいなんの味もない。なぜ、珍味としてもてはやされているのか。むろん、希少価値は理由のひとつである。しかし、原因はそれだけではない。

そもそも料理の楽しみ方はいろいろある。見た目の豪華さ、デザインの美しさもさることながら、おいしさのもっとも重要なポイントは味、香りと舌触りである。フカヒレの姿煮には二つの特徴がある。ひとつは独特の舌触り。ゼラチンのようななめらかさ、フニャッとした柔らかさと、煮込んでいるもののまだわずかに残っている軟骨の弾力との絶妙な組み合わせは舌と歯に快い刺激を与えてくれる。

もうひとつは濃厚な味である。フカヒレの姿煮を調理するとき、極上品の汁が不可欠。一般に地鶏や家鴨《あひる》などを長時間煮込んでできたスープが用いられる。とろみをつけることによって、汁のなかのエキスは軟骨のまわりに付着し、糸状のヒレとヒレのあいだにスープがしみ込むようになる。汁のなかの油分は取り出されているから、こってりとした味覚を与えながら、まったく脂っこくない。それがおいしさの秘密である。フカヒレの姿煮は食材の自然の味ではない。人工的に「合成」した風味を楽しむ料理である。

南方の料理

フカヒレ料理はいつ「発見」ないし「発明」されたのか。史書を読むと、秦の始皇帝は言うまでもなく、唐、宋の皇帝や元代のハーンも食べた記録はまったくない。それどころか筆者の調べによると、フカヒレを食用する歴史はたかだか四百年ぐらいである。しかも、当初は沿海部にかぎられていた。フカヒレ料理が全国にひろまり、珍味としてもてはやされるようになったのは清代の中頃である。つまり、高級料理として知られるようになったのはせいぜいここ三百年前後のことに過ぎない。

フカヒレについての記述は明代の李時珍『本草綱目』にさかのぼる。鱗部四十四巻「無鱗魚類」の「鮫魚」に、「いにしえは鮫魚と言い、いま沙魚と言う。種類は多くあり、東南沿海で産出する。形はいずれも魚と似ており、青い目に赤い頬、背中に硬いヒレがある。腹の下にフカヒレがあり、味はいずれも非常においしい」とある。『本草綱目』は万暦二十四年（一五九六年）に刊行されたから、十六世紀末にフカヒレはすでに食用に供されていたことがわかる。

ところが、李時珍は『本草綱目』のなかで、「南方人がこれを珍重する」と述べているから、当時、ほかの地域ではまだ食べていなかったのかもしれない。そもそもフカヒレは調理法によって味がまるっきりちがう。独特の加工法、料理の仕方でなければ、まったくおいしくない。明代にはフカヒレがまだひろまっていなかった根拠として、万暦年間に杭州に住んでいた高濂《こうれん》が著した『遵生八牋』があげられる。高濂はそのなかで、多くの料理と調理法を紹介しているが、フカヒレについては一言も触れていない。

明の皇帝も知らない

万暦のとき宮廷に仕えた宦官《かんがん》である劉若愚《りゅうじゃくぐ》は『酌中志』のなかで、明の太祖・朱元璋の好みの料理について、「焼きハマグリ、海老炒め、蛙の腿および乾しタケノコがもっとも好きである。またナマコ、アワビ、鯊魚の筋、肥えた鶏、豚のアキレス腱の煮込みあんかけを〈三事〉と名付け、よく召し上がっていた」と証言している。「鯊魚の筋」とはどのようなものかは明示されていない。「鯊魚」は現代語ではサメのことだが、『本草綱目』によると、明代にははぜ科の河魚を指すという。「鯊魚の筋」は、おそらくその浮き袋であろう。いずれにしてもフカヒレでないことはまちがいない。調理法を見ても、後のフカヒレの料理法とかなりちがう。

宮廷の名物料理として、劉若愚は焼き家鴨、焼き鵞鳥、焼き鶏、羊の尻尾の薄切り、豚の耳、豚足、豚の舌の酒漬けなど二、三十種類をあげているが、フカヒレは見あたらない。また、宴会料理には、兎、万里の長城の外で捕れたイタチなどが使われたが、フカヒレはやはり出てこない。そうしたことから考えると、当時フカヒレ料理はまだ北京に伝わっていなかったことがわかる。

明の皇帝は南方の出身である。もし長江下流にこの料理があったら、きっと宮廷料理に持ち込まれたにちがいない。したがって、北京だけでなく、江南にもフカヒレ料理はまだなかったのであろう。

明代に中国を訪れた宣教師たちの見聞録もひとつの傍証である。マッテーオ・リッチ『中国キリスト教布教史』には明代の宴会が描かれている。

われわれが食べるものは、中国人もだいたいみな食べる。料理はおいしく調理されている。彼らは食卓に運ばれた一品一品についてはあまり気にかけない。というのは彼らは料理の中身ではなく、料理の種類の多さで食事の善し悪しを評価しているからだ。

また、一五五七年頃に中国の広州を訪れたガスパール・ダ・クルスも「焼いたり茹でたりした鵞鳥、鶏、家鴨もたくさんあるし、その他の肉や調理済みの魚もたっぷりとある。私は店先に豚の丸焼きが一つ吊られているのを見たことがある」(日埜博司訳、一九八七)と言った。カエルを調理する場面さえ詳しく記録しているクルスはフカヒレには触れなかった。

十七世紀のフカヒレ姿煮

明末清初に『正字通』という辞書が編まれた。そのなかにフカヒレについて、「サメ、青い目赤い頬、背中に硬いヒレがある。腹の下にフカヒレがあり、非常においしい」とある。『本草綱目』の内容とほとんど変わらないが、辞書類に取り上げられたのは、それよりまえから知られるようになっていたからなのかもしれない。

『正字通』のもっとも早い版本は康熙《こうき》二十四年(一六八五年)の刻本である。著者については二つの説がある。ひとつは清代の廖文英とする説。もうひとつは、明末の張自烈がほんとうの撰者で、清の廖文英がその稿本を購入し、みずから序を作って巻頭に冠し、自著として刊行した、とする説である。いずれにしても、十七世紀のことには変わりはない。

事実、十七世紀になると、料理書にもフカヒレが出てくるようになった。一六二九年に生まれ、一七〇九年に生涯を閉じた朱彝尊《しゆいそん》(一六二九〜一七〇九年)は『食憲鴻秘』のなかではじめてフカヒレの調理法を詳細に紹介した。

(フカヒレを)きれいにし、煮込んでから切る。糸状にばらばらにしてはいけない。肉のついている方がよい。小さすぎてはいけない。鶏か家鴨とともに必要なときに用いる。(フカヒレを煮る)スープはすんでいるのがいいが、脂っこいのはよくない。料理酒を使うのはいいが、醬油を使ってはいけない。

醬油を使わない点をのぞけば、現代の調理法とよく似ている。しかし、いまは干物を戻して料理するから、肉はついていない。清のはじめにはフカヒレは肉の部分といっしょに調理して食べているのだから、新鮮なものが使われていたであろう。朱彝尊は長江下流の生まれだが、明史の編纂に加わっていたため、北京にも居住した。ただ、フカヒレがどの地域の料理とは述べていない。

干物の登場

グルメである袁枚《えんばい》（一七一六～一七九八年）ももちろんフカヒレの味を知っていた。『随園食単』のなかで、「フカヒレは柔らかくなりにくいから、二日間煮込んでようやく柔らかくなる」と述べた上、二つの調理法を紹介した。そのひとつは次の通り。

上質な火腿（みそで漬けた中国ハム、スープのだしに使われることが多い――引用者注）や鶏のスープに新鮮なタケノコと一銭（三・七グラム）の氷砂糖を加え、（フカヒレを入れて）柔らかくなるまで弱火で煮込む。

これは姿煮の調理法である。「フカヒレは柔らかくなりにくい」ということばからうかがえるように、ここでいうフカヒレは干物である可能性が高い。袁枚は朱彝尊より約一世紀後の人だから、十八世紀になると、いまと同じように、干物が使われるようになったのであろう。新鮮なものだと、沿海部でしか食べられないが、干物は日持ちがいい。交通がまだ発達していなかった時代には、干物でなければフカヒレはほかの地域にひろまるのにもっと時間がかかったのかもしれない。

フカヒレ姿煮だけでなく、『随園食単』にはフカヒレのスープの作り方も紹介されている。

鶏のスープに細切りにしたダイコンを入れ、先の部分の糸状フカヒレをばらばらにしてなかにまぜる。(できあがると、ダイコンとフカヒレは)スープの表面に浮かび、どれがダイコンで、どれがフカヒレかは区別できないようになる。(中略)火腿をだしに使う場合は、スープを少なくし、ダイコンの細切りを使う場合はスープを多くすべきである。いずれの場合も柔らかく、濃厚に仕上げるのが肝心である。（中略）ダイコンの細切りは三回湯を通し、その匂いがはじめてなくなる。

姿煮に使えない糸状の部分が使われている点は朱彝尊の『食憲鴻秘』にはなかった「発明」である。この食べ方がいつはじまったかは明らかではないが、フカヒレスープが姿煮より後に登場したことはまちがいない。

フカヒレ料理の進化

フカヒレは新しい料理であるだけに、調理法の進歩は速い。袁枚より約六十年後に生まれた梁章鉅は『浪蹟叢談』のなかで、袁枚の調理法について次のように批評した。

フカヒレに鶏のスープとダイコンの細切りを入れると言ったのは袁枚ひとりだけである。これはどうやら人を騙す言葉で、信じてはいけない。袁枚はまたある家でフカヒレ料理を作るときに、フカヒレのさきの部分だけ使い、根っこの部分を使わないと言ったが、それも数十年まえの旧い話である。

袁枚が嘘を言ったという梁章鉅の主張は、食べ方の変化を反映している。袁枚は『随園食単』で紹介した通りのフカヒレスープを食べたのであろう。しかし、半世紀の後にそれは過去の食べ方になってしまった。調理法は改善に改善が加えられ、同じ料理でもまえに比べてかなりちがう味になったのである。

李化楠は『醒園録』で、フカヒレの姿煮の調理法を紹介している。

フカヒレをまるごと水に浸け、やわらかくする。（それから）鍋に入れて煮る。手で裂けるようになればよい。柔らかくしすぎてはいけない。（鍋から）取り出して、水に浸け、骨と皮を取り除く。糸がみえるフカヒレの部分を破らないように、まるごと取り出す。底が平らな竹製のざるに並べて、乾燥させる。（乾燥したものは）瀬戸物の容器に入れる。使うときには、必要な分だけ取り出し、水で半日間もどす。それから煮て一、二回ほど沸騰したら、きれいに洗う。細切りの豚肉か鶏肉といっしょに煮るとさらによい。シイタケとニンニクを油で炒め、水を入れて少々煮る。香りが出たら、（フカヒレと）肉のスープを加える。材料がちょうどスープにつかる程度でよい。酢を加えてさらに数回沸騰させる。水でといておいた片栗粉を少々入れ、ネギの白根を加えてもう一回沸騰させてから碗に移す。フカヒレのさきの部分の肉および柔らかい皮には酢と肉のスープを加え、煮てから別の料理にする。

いまの調理法とほとんど変わらない。李化楠は袁枚とほぼ同時代人であるが、『醒園録』は李化楠の息子、李調元が整理して出版したものである。整理・編集の際、手が加えられた可能性は大きい。李調元は一七三四年の生まれで、死亡年月は明らかではない。一般に嘉慶年間（一七九六〜一八二〇年）と推測されている。いずれにしても、遅くても十八世紀の終わりか、十九世紀のはじめにいまと同じフカヒレ料理が完成した。

揚州の流行に

十八世紀中頃から約半世紀のあいだに、フカヒレ料理は急速に普及した。梁章鉅は『浪蹟叢談』のなかにその一端を記している。フカヒレが宴会の食卓にのぼる時期を知る上で、重要な証言である。

最近、揚州あたりの金持ちが客を招待するとき、根っこの部分を使わない者はいない。名付けて「肉翅」という。揚州の人はこの料理を作るのがもっとも得意で、できたフカヒレ料理の味は濃厚で奥深さがある。まさに天下に二つとない一品である。どうやら袁枚は当初このような美味な料理を口にする幸福はなかった。

フカヒレがすでに豪華な料理となったことがうかがえる。金持ちが宴席にフカヒレ料理を出すようになったのは、珍味としてすでに社会的に認知されていたからであろう。袁枚も口にしなかったおいしさは、そのまま調理法の激変を示している。

後の料理書にも同じことが記載されている。たとえば、乾隆《けんりゅう》三十年(一七六五年)に著された『本草綱目拾遺』には次のようなことばがある。

フカヒレはいまの人の好む食品である。およそ宴会料理には必ず珍味として出る。フカヒレの干物は板状になっていて、大きいのと小さいのがある。三つひと揃いである。背中のフカヒレがひとつで、(腹部の)水を掻くフカヒレが二つあるからだ。（作り方は）煮てから硬い骨を取り去り、軟らかくて金色をした部分を取っておく。鶏のスープで煮込んで料理するのがもっともおいしい。

宴会料理に必ず出るようになったところを見ると、滅多に食べられない料理というより、むしろ多くの人々が賞味できるようになっていたのであろう。『本草綱目拾遺』にはフカヒレの姿煮しか紹介されておらず、フカヒレスープは見あたらない。姿煮の美味を知った人々は、もはや袁枚がいうようなケチな食べ方には一顧だにしなくなったのかもしれない。

海産物の嫌いな満州族

『紅楼夢』を読んで、納得できないことがひとつあった。それは、フカヒレ料理がまったく出てこないことだ。この長編のなかに、あれほど多くの珍味が登場し、貴族たちが美食三昧を尽くしているのに、フカヒレについては一言も触れられていない。対照的に、ツバメの巣はくり返し出てくる。料理としてもデザートとしても。一体なぜなのか。

謎を解く鍵はどうやら満州族の食習慣にあった。『清稗類鈔』によると、清の康熙《こうき》皇帝はぜいたくを嫌い、一日に二食しか食べなかった。ある日、大臣から干ばつによる飢饉状況が報告されると、康熙皇帝は、おまえら漢人は一日に三食し、その上酒を飲む、朕は草原で戦っていた頃、一日に一食しか食べなかった、いまでも一食には料理は一品だけでよい、と大臣をきつく叱ったという。彼は食生活が質素で、とくに海産物を嫌っていた。

乾隆皇帝のころになると、宮廷の習俗はだいぶ漢民族の食文化に染まり、食事もしだいにぜいたくになった。清王朝の宮廷記録によれば、乾隆皇帝の夕食にはツバメの巣を使った料理が一度に二品も出てくるほどである。しかし、その乾隆皇帝も海鮮は嫌いなようだった。現在残されたメニューには、フカヒレ、ナマコ、エビ、アワビといった海産物はひとつもない。

もともと満州族は東北の内陸部に生活しており、海産物を食べる機会はほとんどなかった。皇帝だけでなく、貴族たちも南下した当初、海産物をあまり好まなかった。『紅楼夢』の主人公たちがフカヒレを食べなかったのもそのためであろう。

事実、『紅楼夢』には魚類や貝類の名前は少ない。この小説には四十数種の料理名が出てくるが、水産物はカニ料理の一種類だけ。魚やエビは、荘園から上納された食材のリストに出てくるぐらいである。水産物ではチョウザメ二匹、各種の雑魚《ざこ》二百斤（約百二十キロ）、ナマコ五十斤（約三十キロ）、車エビ五十つがい、干しエビ二百斤などがある。雑魚や干しエビには淡水産も含まれているから、海産物はもっと少ない。それに比べて、肉類は種類においても、量においても圧倒的に多い（第五十三回）。

右の食材リストにはチョウザメが出ており、また、第二十六回にも誕生祝いにチョウザメが贈られたとある。あるいはフカヒレをまったく食べなかったとは言いきれないかもしれない。しかし、その量は少なく、全部でわずか三匹しかない。『紅楼夢』に登場した大家族の人数から考えると、とても常食とは考えられない。フカヒレは少なくとも彼らの好物でなかったことはまちがいない。

宮廷に入ったフカヒレ

海産物をのぞけば、乾隆皇帝の食習慣は漢民族にかなり近かった。『清稗類鈔』によると、乾隆皇帝は私服で江南を視察したとき、寺で出された精進料理に大いに満足し、「鹿の乾し肉や熊の手よりはるかにおいしい」と、手放しで褒めたてたという。

また、清の宮廷で蘇州と杭州の料理が流行るようになったのも、乾隆皇帝が江南視察から持ち帰ったみやげだったと言われている。

宮廷の料理人には漢民族が多かったため、時代が下がるにつれて、皇帝たちの好みはいよいよ漢民族に似てきた。清王朝も中期を過ぎると、料理における満・漢の区別はもはやしにくくなった。じっさい、光緒《こうしょ》皇帝もラスト・エンペラーの溥儀《ふぎ》もフカヒレ料理を食べていた。とくに光緒皇帝はたいへん好んでいたという。

清末になると、高級な宴会はメイン料理で命名されるようになった。『清稗類鈔』には、高級宴会として「焼烤席」、「燕窩席」、「魚翅席」、「海参席」などの名があげられている。もっとも上等なのは「焼烤席」。豚の丸焼きがメインディッシュで、現在では「満漢全席」の名で知られている。むろん、豚の丸焼きのほか、ツバメの巣もフカヒレも出てくる。

「焼烤席」の次は「燕窩席」。ツバメの巣をメインディッシュとする宴会である。貴賓を招待するときにのみ設ける宴席である。客が着席してから、まず大きい碗でツバメの巣の料理を出す。もし小さい碗で出すなら、「燕窩席」とは言えない。ツバメの巣は料理にする場合もあるし、氷砂糖を入れてデザートにする場合もある。

同じように、「魚翅席」と「海参席」はそれぞれフカヒレ料理とナマコ料理をメインディッシュとする酒宴である。

中国語に「魚翅海参」という熟語がある。美食三昧の意味で、現代語にしかない表現である。「魚翅」とはフカヒレ、「海参」とはナマコ。フカヒレは十九世紀になって、ようやく珍味の頂点に登り詰めた。

2　味覚の革命──唐辛子の渡来

革命家は辛みが好き

近代中国には激辛好きの革命家が多い。湖南省出身の毛沢東もそうだし、四川省出身の鄧小平はもっと唐辛子を偏愛した。それに対し、国民党には辛いものが好きな指導者はほとんどいない。広東省出身の孫文は言うまでもなく、浙江省出身の蔣介石も、客家《はっか》出身の李登輝も辛いものは好きではないようだ。

一九四九年に中華人民共和国が成立するまで、江蘇省、浙江省出身の財閥をバックとする国民党が中国を支配していた。政治家や企業家の多くは揚州、蘇州、杭州、寧波などの南方料理を好んだ。政治の中心であった首都南京も、工業都市であり金融センターであった上海も長江下流に位置していた。

南京は古い町で、近くに揚州と蘇州がある。この二つの都市にはいずれも歴史のながい揚州料理と蘇州料理がある。一方、新しい移民都市である上海の市民のあいだにも、江蘇省と浙江省の出身者が多かった。江蘇省の料理や浙江省の料理は伝統的には唐辛子をほとんど使わない。事実、一九四〇年代のはじめ、上海のレストランは蘇州料理店と無錫料理店が半数以上を占めていた（岳慶平、一九九四）。四川料理店はなかったわけではない。しかし、味付けは現在の四川料理とだいぶちがっていた。一九二〇年代に中国を訪れた後藤朝太郎は『支那料理通』のなかで次のように言っている。

四川料理の如きに至っては野菜料理の特色を表わして、野菜が主となり、日本人の口に大層合っているのである。

この本は作者が中国での見聞にもとづいて書いたものだから、当時、四川料理には辛いというイメージがまったくなかったことがうかがえる。

金子光晴は一九二八年に上海に渡り、五年ほど中国に滞在していた。のちに書いた『どくろ杯』に宴会のことが出てくる。

燕席（ツバメの巣宴席――引用者注）にしろ、翅席（フカヒレの宴席――引用者注）にしろ、一卓の料理は、二十八品ぐらい、招待宴が二つ重って、午前十一時小有天で始まり、終会時刻が三時半頃になり、休む暇なく、その足で、二つ目の陶楽春の五時の会に出かけ……

五年にわたるながい滞在のなかで、金子光晴は中国の事情を裏の裏まで知り尽くした。もし辛い料理が流行っていれば、必ずどこかで触れていたはずであろう。

むろん当時の中国に辛い料理がなかったわけではない。四川省、湖南省、湖北省の人々が唐辛子を好んで食べていたことは『清稗類鈔』にも記されている。しかし、それらはまだ家庭料理の域に止まっていた。

そもそも唐辛子は中国の原産ではなく、明末に伝来したものである。大航海の時代にメキシコやアマゾニア原産の唐辛子が世界各国にひろまり、栽培されるようになったのである（周達生、一九八九）。そのことについて現在すでに異論はない。事実、万暦二十四年（一五九六年）に刊行された李時珍『本草綱目』には唐辛子はまだ載っていない。したがって、唐辛子が中華料理に使われるようになってから、せいぜい三百余年の歴史しかない。辛さがセールス・ポイントの四川料理もむかしは唐辛子は使われていなかった。

むろん、唐辛子が外国から伝わってくるまえにも、四川省や湖南省の人々は辛いものを好んで食べていた。芥子《からし》は古くから調味料として使われており、元代の賈銘は『飲食須知』のなかで養生の観点から芥子の効用について紹介している。

唐辛子が中国に入ってからも芥子を食べる習慣はなくならなかった。李漁『閑情偶寄』に「辛い汁を作る芥子菜《からしな》の種は、古いほどよい。これを料理に入れれば、おいしくないものはない」とある。清になっても芥子が調味料であったことを示している。そのような嗜好があったからこそ、唐辛子は中国に受け入れられたのであろう。

ただ、注目すべきは、唐辛子はいつ頃から料理に使われ、かつ広まるようになったかである。事実、中国に伝来してすぐ料理に使われたわけではない。激辛の料理が現れ、食文化の中心に進出したのはかなり後のことであった。

十八世紀までは無名

まず、清初の料理書を見よう。明末に生まれた朱彝尊の『食憲鴻秘』に「辣湯絲」という料理が出てくる。豚肉、キノコ、タケノコを細切りにして作ったスープで、「辣」は辛いという意味である。しかし、レシピをみると、唐辛子はどこにもない。芥子を振りかけただけである。また「辣煮鶏」は、「ゆでた鶏肉を糸状にし、ナマコ、クラゲといっしょにもう一回ゆでる。碗に移すまえに芥子を入れる。（鶏肉を）冷ましてごま油で和えてもおいしい」と、紹介されている。後者はいまの「棒棒鶏《バンバンジー》」の原型であろう。味は辛くても、唐辛子が使われていたわけではない。

もうひとつ注目すべき点は、清代になっても芥子を使った料理は量の上でそれほど多くはない、ということである。『食憲鴻秘』にはわずかに一品しか記されていない。むろん、この料理書に清代中国のすべての料理が網羅されたわけではない。しかし、記述された料理の種類を見ると、かなりの代表性がある。ましてや十七世紀の中国では、唐辛子は食文化の中心にはまだ登場していなかった。

では、十八世紀の中国ではどうだったのか。一七九八年に八十二歳で亡くなった袁枚は十八世紀の証人とも言える。しかし、食の百科事典である『随園食単』に、唐辛子は一言も触れられていない。袁枚は調味料や薬味について一節をさいて、その役割や使い方を詳細に説明している。みそ、食用油、料理酒、酢、ネギ、山椒、ショウガ、ニッケイ、砂糖、塩、ニンニクなど十数種にわたるが、唐辛子は見あたらない。また、羊頭の煮込みや、羊の胃袋の細切りなど多くの料理に胡椒が使われているのに、唐辛子の使用はどこにも出てこない。また、唐辛子が野菜として調理されるという記述もない。

袁枚は杭州あたりの生まれで、江浦、江寧（現在の南京）などの知事を歴任し、引退後に江寧の小倉山の麓に随園を作って晩年を過ごした。彼の生活半径はずっと江蘇省、浙江省にかぎられていたから、あるいは四川料理を知らなかったのかもしれない。

四川人も食べなかった

四川省ではいつ頃から唐辛子をひろく食べるようになったのか。十八世紀の四川料理を記録した史料は見あたらないが、さいわい四川省出身の人が書いた料理書がある。前出の『醒園録』である。

ところが、この料理書を読むと、唐辛子を使った料理はやはりどこにもない。まえがきによると、この書は作者が江南に任官したときに集めたレシピの寄せ集めだという。だとすれば、唐辛子が出てこないのも不思議なことではない。しかし、『醒園録』では一方、芥子菜の調理、加工法を四例紹介している。もし著者に唐辛子を食べる習慣があったなら、芥子と唐辛子の風味の異同について触れていてもおかしくはない。ところが、そうした記述は見あたらない。

十八世紀にはたとえ四川省の庶民のあいだで唐辛子が日常的に食べられていたとしても、士大夫のあいだでは、この風習はまだなかったのかもしれない。これはけっして根拠のない推測ではない。『本草綱目』果部三十三巻に「食茱萸」という辛い調味料が出てくる。李時珍によると、「古くから尊ばれたものである。しかし、いまでは上流の人にはこれを用いることがまれだ」という。香辛料の嗜好は地域差があるだけでなく、同じ地域でも、階層によって違いが大きかったのである。

唐辛子の登場

十九世紀になって、唐辛子はようやく料理書に登場してきた。一八六一年に初版が出た『随息居飲食譜』には「辣茄」という名で唐辛子が紹介されている。「種類はひとつではなく、まず青色をしていてそれから赤に変わる」という記述を見ると、相当辛い品種のようだ。ただ、この唐辛子は野菜を意味する「蔬食類」としてではなく、山椒、胡椒やニッケイとともに「調和類」（調味料、薬味との意味）に分類されていた。当初、そのまま野菜として食べられていたのではなかった。しかし、調味料として、どのような料理に使われていたかについてはいっさい明示されておらず、また、同書には唐辛子が使われた料理は一品もない。

気をつけるべきは、「人々の多くはそれを好んでいるから、しばしば疾病をきたす」ということばである。著者である王士雄は浙江省海寧の生まれで、杭州、上海でも暮らしていた。十九世紀の中葉には長江下流地域でも庶民のあいだに唐辛子はある程度ひろまっていたのであろう。しかし、読書人たちはこの新来の食物に対し、なおつよい偏見を持っていた。

当時、唐辛子には多くの呼び名があった。『随息居飲食譜』には唐辛子の八つの別名があげられており、しかも「各地で呼び名は同じではない」と説明されている。方言による呼び名のちがいは唐辛子嗜好がかなりひろく分布していたことを物語っている。

宮廷料理には唐辛子はない

宮廷料理ではどうなのか。劉若愚の『酌中志』を見ると、明代には毎年滇南（現在の雲南）、五台山、東海（東シナ海）、江南（現在の江蘇省南部と浙江省）、蘇北（江蘇省北部）、遼東（遼寧省の東部と南部）など全国各地からさまざまな食材が献上されたが、唐辛子の名は出てこない。また、調味料については、ごま油、甘み味噌、豆豉《とうし》（浜納豆のような調味料）、醬油、酢などが見られるが、唐辛子はやはり見あたらない。

旧正月十五日は「元宵節」で、祝日の料理として「麻辣活兎」が出てくる。「麻」とはしびれるような味覚、「辣」は辛い、という意味。しかし、「麻辣活兎」とはどのような料理なのかは詳しく説明されていない。時代は下がるが、清代の『調鼎集』に「麻辣兎絲」という料理がある。

（ウサギを）糸切りにし、ニワトリのスープで煮込む。黄酒（紹興酒の一種——引用者注）、醬油、ネギ、ショウガの汁、山椒の粉末を加え、豆の粉でとろみをつける。

唐辛子は使われていないが、山椒が加えられているので、料理名に「麻辣」ということばがつけられている。『酌中志』の「麻辣活兎」の「麻辣」も同じ味であろう。唐辛子でなくてもこの二つの味は出せる。

『酌中志』には宮廷の名物料理として数十種ほどの名があげられているが、前述の「麻辣活兎」以外に「辣湯」（辛い吸い物）という名も見られる。十一月になると、寒さを防ぐために、毎日早朝飲むものだという。現在でも寒さを防ぐためにショウガの煮汁を飲むことはよくあるが、ここでいう「辣湯」もおそらく同じたぐいのものであろう。そのほか唐辛子が使われているようなものは見あたらない。

清代になっても、唐辛子は宮廷料理に入らなかった。そもそも満州族は芥子を食べる習慣がなかったようだ。『紅楼夢』には酢を使った料理をはじめ、さまざまな食物と調理法が描かれているが、辛いものは一品も出てこない。

西南から北方へ

十九世紀になると、唐辛子は西南地域の庶民のあいだにひろまった。四川省だけでなく、『清稗類鈔』によると、湖南省、湖北省、貴州省の人々も辛いものが大好きで、とくに湖南省と湖北省では、たとえどのような珍味を食卓に並べられても、芥子と唐辛子がなければ人々は箸をつけようとしないという。

曾国藩が両江の総督になったとき、下級官吏のひとりが、前任の料理人にわいろを贈り、上司の食事の好き嫌いを聞きだそうとした。しかし、その料理人は「毎食わたしが目を通せば問題はないでしょう」と答えた。ある日、ツバメの巣の料理ができて、料理人に見せると、彼はひとつの竹筒を取り出し、やたらとふりかける。下級官吏が聞くと、「唐辛子の粉だ。曾国藩は辛いものが大好きで、毎食の料理にこれをふりかければ、必ずほめられる」と、つい秘密を教えてしまった。のちにその下級官吏が同じことをしたら、はたして料理人の言うとおりであった（『清稗類鈔』「飲食類」）。曾国藩は湖南省の出身で、一八七二年に六十一歳で亡くなった。唐辛子は十九世紀にすでに湖南省の人々の嗜好品となっていたのである。

しかし、それ以外の地域では、唐辛子はまだ多く使われていなかったようだ。一八五〇年に生まれ一九二六年に亡くなった薛宝辰は『素食説略』という本を著し、清末の精進料理を紹介した。百七十種におよぶ料理のなかで、唐辛子が使われているのはわずか五品に過ぎない。作者ははしがきで「陝西と北京の料理を紹介した」と言っているから、当然かもしれない。いずれにしても、十九世紀末前後に唐辛子の食用はすでに北方の黄河流域にまでひろまっていた。

宴会には出番がない

曾国藩のエピソードからもうかがえるように、唐辛子は料理の過程で使われたのではなく、完成した料理にふりかけることが多かった。また、地域的に見ると、唐辛子は西南部からほかの地域にまでひろまったが、辛い味が料理文化の中心に根を下ろしたとはかぎらない。曾国藩の唐辛子好きも、当時では他地域の人にはめずらしかったからこそ『清稗類鈔』に記録されたのであろう。

一八六〇年代に上海に移り住んだ葛元煦《かつげんく》は『滬《こ》游《ゆう》雑記』のなかで、上海にある主なレストランのメニューを記している。たとえば「慶興楼」というレストランには、焼鴨（焼きダック）、紅焼魚翅（醤油味のフカヒレ姿煮）、紅焼雑拌（醤油味の五目煮物）、扒海参（ナマコの煮込み）、蝦子豆腐（エビたまご豆腐）、溜魚片（魚のあんかけ炒め）などの料理があった。中華料理の命名法にしたがえば、唐辛子を使えば「辣」か「辣味」ということばが必ず出てくる。しかし、右の料理名にはいずれも「辣」という字はついていない。葛元煦は六大レストランの計四十二種類の料理名をあげたが、唐辛子が使われた料理はひとつもない。

一八七七年から三年にわたって、中国で実地調査をしたセーチェーニ伯爵調査隊の見聞録もその点を証明している。旅先の粛州（現在の酒泉）で一行は総督である左宗棠が催した宴会に招待された。その様子についてメンバーのひとりであるG・クライトナーは次のように描いている。

応接間の中央にはクロスを掛けない白木の丸テーブルが据えられ、菓子や果物、四角い形のハム片などの入った深皿が数枚載っていた。冷たい鶏の胸肉料理もあった。（中略）鴨のローストと鱶のヒレはともどもにおいしく調理されていた。

魚の頭を膠状に煮たものと表面を黒く染めた鴨の卵（ピータン——引用者注）はあまりわたしの口に合わなかった。そのかわりスープで煮た鳩の卵のまたおいしかったこと。料理中で贅沢を極めたのは豚一頭を丸ごと焙ったものであった。

（小谷裕幸ほか訳、一九九二）

右にあげられた料理は現在も宴会に出てくる。いずれも辛いものではない。興味深いことに、左宗棠は湖南省の出身である。ほんらい辛いものが好きなはずである。招待宴で故郷料理を出さなかったのは、居住地域の習慣にしたがったためであろう。いずれにしても正式の宴席では、まだ唐辛子が入る余地はなかったのである。

地域のかたより

ただ、唐辛子を好む地域では正式の宴会にも辛い料理が出てくる。セーチェーニ伯爵が四川省の成都を訪れたとき、やはり総督の歓迎パーティーに招待された。

やがて招待側のふたりはわたしたちをテーブルへ導き、儀礼に従って飲物と箸を差し出した。そして、正装用の帽子を脱いで、黒くて丸い絹の縁なし帽に換え、帯革をゆるめると、「炒菜（炒め料理――引用者注）」の始まりである。料理は続々と出てきた。二〇皿までは確かめたが、それ以上は数えるのをやめてしまった。六〇品ほどはあっただろう。辛みを利かせた中国料理なら、はじめは何でもうまかったが、そのうち目の前を通り過ぎるだけになった。調理は美味を極めており、わたしは油に浮かぶ鱶鰭を深皿から三杯も平らげたほどだった。（同右、一部引用者による語句の修正がある）

セーチェーニ伯爵一行は多くの地方を訪れ、度重なる接待を受けた。しかし、辛い料理が出てきたのは成都だけである。しかも、「辛みを利かせた」程度だから、やたらと辛いわけではない。

薄味が上品

二十世紀に入ってからもその点は変らなかった。大正十二年（一九二三年）に上海を訪ねた三宅孤軒の『上海印象記』によると、当時の宴会は現在とだいぶちがう。

盛宴になると、料理の鉢数は大中小取りまぜ十六鉢で魚、鳥、獣、野菜、いろいろの料理が出るのですが、大体第一番目に鱶のひれが出まして順次に煮物、スープなどと進行して十二番目頃に燕巣が出ます。燕巣のあとには菓子類（点心）が出まして、一時席を外します。その間談笑しているうちに席はテーブル掛を更え、食器を改めまして最終の飯菜四種が運ばれ御飯を頂くのであります。これがもっと簡略になると、十二鉢、十鉢の場合もありますが、この時には飯菜は二鉢で十鉢目、又は八鉢目で燕巣が出て席を改めるのであります。

三宅孤軒は料理について詳しく記録したが、辛い料理についてはまったく触れていない。作者による記録漏れではないことは、『支那料理通』でも証明できる。昭和四年（一九二九年）に刊行された『支那料理通』は当時の中華料理を詳細に記録したもので、記述漏れはとうてい考えられない。井上紅梅『支那風俗』所収の「上海料理屋評判記」とならんで、一九二〇年代の中華料理を知る上で貴重な書物だが、なかでもとりわけ味についての紹介は興味深い。

支那料理では次から次へと副食物のみが運ばれるのであるから、塩辛ければ喉が乾くこと夥しくその通な料理番ほど塩加減は薄く適当に拵えて出すわけである。わけても蘇州あたりの料理となると、極めてその塩加減は薄い。別に味のあっさりしたのを以て料理の上乗とするという訳でもないが、兎に角味の薄いものを以て万人間の料理とするのです。若し食卓についている客の中に塩辛いのを好む者が居るとすれば、自分勝手に小皿に醤油を取ればよい。又酸ぱいものを好む者は酢を取ればよい。あるいは胡椒芥子にしても卓上に予め用意されてあるのだから、自由にその好むところに従って適当に加減すればよいのである。

著者の後藤朝太郎はたびたび中国を訪ね、いくつかの旅行記を上梓している。右のことばは実際の見聞にもとづいて書かれたものである。当時の中国人たちが気付かなかった微妙な味の特徴をみごとにとらえている。日本の料理と比較したからこそ、このような細かい観察が出来たのであろう。

なお、マーボー豆腐は百年ほどまえに、大衆料理として発明されたと言われている。

「棒棒鶏《バンバンジー》」や「担担麵《たんたんめん》」については詳しい記録が見あたらないが、唐辛子の渡来史を考えると、ながくても三百余年の歴史しかないのであろう。

中華定番の逸聞

フカヒレや唐辛子だけではない。北京ダックもそれほど歴史は古くない。中国の料理書には焼き家鴨の名が早くから出ているが、北京ダックの原型は南宋にしかさかのぼれない（佟屏亜ほか、一九九〇）。明が北京に遷都したときに、杭州料理の焼き鴨が宮廷料理として北京に持ち込まれたという。

現在の北京ダックは「塡鴨」という品種が使われている。家鴨を暗室に入れ、飼料を口から詰め込み、短期間でふとらせるのである。この「塡鴨」の原型である「北京鴨」の飼育も明代にはじまるという（同右）。

ただ、文献のなかに「塡鴨」が出てくるのはさらに遅い。夏曾伝（一八四三〜一八八三年）は『随園食単補証』「蒸鴨」のなかで、「北方の人は（飼料をアヒルの口に）詰め込んで飼育し、短い期間でふとらせることができる」と書いている。十九世紀の中頃のことである。

北京ダックの調理法は『清稗類鈔』「京師食品」に見られる。「(アヒル料理には)スープ入りアヒルと煮込みアヒルがある。もっともおいしいのは焼きアヒル。鋭いナイフでその皮を銅銭の大きさに切り、肉は絶対(皮に)付着しない」。ちなみに、現代のような北京ダックを作る専門レストランの元祖「便宜坊」は一八六九年に開店したもので、有名な「全聚徳」も一九〇一年にオープンしたのである(同右)。

アワビの食用史は漢代にさかのぼるが、珍味として記録されるようになったのはそれよりはるかに後のことである。劉若愚『酌中志』には、明の太祖はアワビを好むとある。おそらく明代になって、ようやく高級料理の仲間入りを果たしたのであろう。

そもそもアワビが宮廷料理に入ったのは、明の支配層に長江下流域の出身者が多かったことと無関係ではない。海産物を好む彼らは東南沿海の食物を食文化の中心に持ち込んだ。清に入ってから、また変化が起こり、前述のように、清の順治皇帝や康熙皇帝は海産物が嫌いだったため、アワビを含め海の珍味を敬遠した。乾隆以降になって、海産物はようやく再び宮廷料理に戻るようになった。

前菜の定番であるピータンも明末に発明された。現存する史料によれば、その食用史はたかだか三百余年しかない。十七世紀に書かれた『養余月礼』に詳細な作り方が記録されているが、朱彝尊も『食憲鴻秘』のなかで「皮蛋」という項目を設けて紹介している。

興味深いのは『随園食単』の記述である。袁枚は「北方では〈扁蛋〉と言い、また〈松花彩蛋〉ともいう。だいたい柔らかいのを上質とする」と書いた後、「わたしは一度も口にしたことはない」と明かした。ピータンの食用史を検証する上で、見逃せない重要な証言である。グルメの袁枚でさえ味を知らなかったのだから、当時はまだ日常的な食品ではなかったのであろう。事実、一八六一年に初版が刊行された王士雄の『随息居飲食譜』には、ピータンは「美味しくて香りもいいが、病人が食べてはいけない」とある。十九世紀中期には、ピータンはまだ健康によくないものだと信じられていた。

袁枚よりやや遅れて、李化楠も『醒園録』のなかでこの加工食を紹介した。ただ、ピータンの名称は「皮蛋」ではなく、「変蛋」となっている。地域によって呼び名が定まっていなかったことがわかる。ちなみに中国語では「変蛋」が文字通り「変わった卵」という意味。現在の名称「皮蛋」(ピータン)の語源は「変蛋」にさかのぼるかもしれない。いずれにせよ、ピータンがいつ全国にひろまったかは明らかではない。

ただ、客をもてなす料理になったのはかなり後のことである。清の『調鼎集』には宴会のメニューが記されている。「冷盤」つまり前菜のリストに、「ゆで家鴨」、「鶏肉の酒粕漬け」と並び、ピータンも出てくる。宴会料理として定着したのはおそらく清の後期であろう。

ピータンに比べ、クラゲは古くから知られていた。『博物志』にはすでに「人々は煮て食べる」とある。唐代になると、劉恂が『嶺表録異』のなかで、和え物にして食べる方法を紹介しているから、遅くとも唐代にはすでに現代に近い食べ方があった。ただ、『嶺表録異』は僻地の風俗を記録した書物だから、クラゲは「異」つまり不思議なものとして取り上げられている。事実、『博物志』のなかで「越人が食べる」とあるから、最初はやはり南方の沿海部でしか食べられていなかったのであろう。

清代になると、クラゲの食用はしだいにひろまり、『食憲鴻秘』では和え物として紹介されている。ただ、いつ前菜の代表格になったかは、不明である。『随園食単』では、「酢漬けニンニク」、「一夜漬けダイコン」、「腐乳」とともに「小料理」類に入れられているから、十八世紀にはまだ宴会に使われていなかったのであろう。『調鼎集』になって、クラゲははじめて宴会の前菜として登場した。

3　進化し続ける中華料理

二十一世紀の動き

ここ二十年のあいだに、中華料理はさらに大きな変化を遂げた。筆者は一九九〇年代の中頃からほぼ年に一回中国に行っている。そのつど新しい料理やそれまでになかった流行に出会い、おいしい食物を求める人々の飽くなき追求を目の当たりにしてきた。味覚はたえず進化し、それに伴い食文化はつねにダイナミックに変化していることを改めて実感した。

一年という間隔は料理の変化を観察するのには絶好の期間である。食物の移り変わりは緩やかに起きるもので、ずっと中国にいると、かえって気付きにくい。一方、間隔が空きすぎると、細部の変化を見落としやすい。

二十年の観察を通してもっとも強く感じたのは味覚の進化の早さと、それに適応する中華料理の柔軟な包容力であった。食卓をより豊かにし、食物をよりおいしくするためには、中華料理は外来のものをいっさい拒まない。なかにはそれまでの中華料理では考えられないものもある。

そもそも中華料理は明確な区別的な特徴があるわけではない。もともと多民族の食物が合流して形成されたものだから、異質性を多く内に秘めている。その雑種性こそ外来の食材や調理法を受け入れやすいものにした。中華料理の「長い伝統」というものが仮にあるとすれば、それは中身がたえず変化する歴史という意味であっても、決して同じ料理をずっと食べていた、ということではない。それは中華料理に限ったことではない。ほかの料理文化についても同じことが言える。イタリア料理といえばまず思い浮かぶのはトマトであろう。伝統的な食材というイメージが付きまとうが、ほんらいアンデス高原の原産で、アメリカ大陸が発見されてから、ヨーロッパにもたらされたものだ。イタリアでは当初、観賞植物として重宝されていたが、十九世紀になって大量栽培され、料理に多く用いられるようになった。食用史がわずか百五十年から二百年ほどなのに、唐辛子が韓国料理の「顔」になったのと同じように、トマトも百五十年のあいだにイタリアの食材の主役になった。あらゆる「伝統」と同じように、「固有」と思われる料理の起源を一つずつ検証していくと、意外とその歴史は浅い。

新しい食材の採り入れ

ここ二十年来の中華料理の変化はいくつかの点にあらわれている。まず、挙げられるのは食材の多様化である。経済の発展とグローバル化に伴い、中国は世界各国から食材を仕入れ、あるいは海外の野菜を栽培するようになった。筆者は二〇〇七年から在外研究でボストンの郊外に二年間ほど滞在したことがある。アメリカのスーパー・マーケットに足を踏み入れると、まるで世界食材の見本市のように豊富な品物が並べられている。現代中国はさすがにアメリカの比ではないが、それでもオーストラリア産のロブスター、チリやペルーなど南米産の魚やエビ、東南アジアの果物など、多種多様な外国産の水産物や農産品を輸入している。

もともと中華料理は調理法が多く、どのような食材でも工夫次第で利用できないものはない。「青梗菜のクリーム煮」（奶油菜心）に見られるように、一見、中華料理に合いそうにない牛乳でもその風味を生かしながら、中華料理に利用することができる。トマトでも玉ねぎでもジャガイモでも煮込んだり、ゆでたりすれば立派な家庭料理になる。レタスでさえ強火でさっと炒めれば、美味しい一品になる。西洋料理ではおよそ想像もつかない調理法であろう。

むろん外来の食材のなかでも広く用いられるものと、あまり利用されていないものがある。現在もっとも多く採り入れられ、かつ人気があるのはサーモンとロブスターである。炒めたりして食べることもあるが、生食も好まれている。

つい十年まえに、シメジ、えのきたけ、エリンギなどのキノコ類はまったく見当らなかったが、いまは堂々と庶民の食卓にのぼってくる。フォアグラはフランスの食材だが、いまや中華料理の一品としてレストランのメニューに載っている。

流行の調理法

次に挙げられるのは調理法の変化である。二〇〇一年頃、北京や上海などの主要都市の料理屋で「避風塘」という言葉がつく料理が流行っていた。肉料理や魚料理を注文するとき、「炒めにしますか、避風塘にしますか」とよく聞かれる。最初はまったく意味がわからなかったが、好奇心で注文してみたら、それまでに見たことのない調理法であることがわかった。

「避風塘」とはもともと香港の水上生活者の居住区域であった。「避風」とは風をよけるという意味で、「塘」は水域のことを指している。入江の凹んだところは台風の襲撃を避けるのに都合がよく、漁業を生業とする人たちの避難の場所として利用されていた。地理的な便利さから、漁船の停泊が常態化し、船の数も増加した。人口が拡大するにつれ、まもなく水上生活の一大区域が形成される。そこに居住している人たちのあいだに、いつの間にか独特の文化が作り上げられ、陸に見当たらない料理も登場した。もっともよく知られるのは「避風塘ふうカニ料理」(避風塘沙蟹)という、一風変わった蟹の料理である。日本風にいえば、「漁師料理」のことだが、作り方はそれほど難しくない。まず、ぶつ切りにした蟹を油で揚げるように多めの食用油で炒めておく。ニンニク、唐辛子の輪切りに豆豉《トウチ》を加えて炒め、ニンニクに火が通ったら、蟹と混ぜ合わせて出来上がり。ほかの地域にない独特な作り方なので、地名が料理名に冠されるようになった。

二〇〇〇年頃の北京で、料理だけでなく、その調理法が魚介類や肉料理に応用され、ブームを呼んだ。しかし、この流行は長続きしなかった。いつの間にかこの調理法を使った料理はメニューから消えてしまい、そのかわりに「避風塘」は料理屋の名前になった。かつて調理法を意味していたことは、もはや忘れられていたであろう。食の流行はときにはモードよりも新旧交代が速い。

飲茶にも流行の食物がある。エビ餃子のような定番はずっと人気が続いているが、個々の店が独自に出したものや、一時的に流行ったものが、わずか一、二年で消えてしまうのは珍しくない。数年前、飲茶のレストランでタルトに中国の食材をのせて焼いたものを食べたことがある。翌年に行ったとき、すでに見当たらない。

刺身が中華料理の一族に入ったのは一九九〇年代にさかのぼるが、韓国の焼き肉が人気になったのはそのやや後であった。いまや焼き肉の手法は中華料理に採り入れられ、後述のように、焼き肉風の料理が中華料理のレストランのメニューにも見られるようになった。とくに「烤」という字がつく料理はそこから発想をえたものが少なくない。

二〇一三年の上海ではタイ料理が流行っており、市内には多くのタイ料理店が誕生した。さすがにタイ料理の調理法はまだその影響が中華料理に及んでいないようだが、もし人気が続けば、採り入れられてもおかしくないであろう。

へんてこな料理名

第三に挙げられるのは料理名の変化である。本書の序章で触れたように、九〇年代にはいっとき縁起のよい料理名が流行っていたが、やがてもとの命名法に戻った。しかし、飲食業の競争は激しいせいか、人目につきやすい新奇な料理名はその後も次から次へと登場した。

二〇一二年三月、ゼミ生の卒業旅行に参加し、ひさしぶりに北京を訪ねた。そのとき、満州族や蒙古族の貴族料理を思わせる料理がやたらと多いのに気付いた。「那家小館」という料理店でメニューを開いたら、「満族董豆皮羊魚巻」「満族蜜棗酥」などの料理名が目に飛び込んできた。意味がほとんどわからず、店員の説明を聞いてもちんぷんかんぷんであった。果たして満族の料理かどうか、誰もわからない。新奇な料理名に惹かれて注文する客がいるから、このような命名法が流行っているのであろう。

じっさい、「那家小館」だけでなく、宮廷料理や北京ダックの専門料理屋のメニューにも「蒙古親藩烤牛肉」「貝勒烤羊肉」など、わけのわからない料理名が出てきている。名称だけではない。出されたものは見た目からして従来の中華料理と違う（写真）。しかし、誰もそんなことを気にしない。いま手帳を見たら、「那家小館」で食べた料理の名称が記されている。「杏干小月生」「那家脆藕鵝」「富貴粘年糕」「那家自制豆腐」「龍豆腐燥灌腸」「油皮素巻」「芙蓉巻菜」「老北京酥肉方」「宣紙魚片」。どれも何が何だかまったくわからない。筆者が知っているのは「葱花餅」（ネギパン）と「炸醤麵」（ジャージャン麵）だけである。

現在、北京では「官府菜」というものが流行っている。「官府」はもともと役所という意味であったが、「京城官府菜」という言葉には、清の王侯貴族や、高級官僚の料理という響きがある。代表的な料理店として、「厲家菜」「白家大宅門食府」「格格府」などが挙げられる。その流行がいつまで続くかは、神のみぞ知る。

満族董豆皮羊魚巻

さすがに中国は広く、北京の流行とはいえ、その影響範囲は限られている。上海や広州などの大都市ではまた違った流行がある。さらに同じ都市でも、料理店によって、味は同じではない。消費者はむしろその多様さを楽しんでいる。そのため、現代風の料理屋がある一方、五〇、六〇年代の庶民料理を売り物にする店もあれば、文化大革命中のまずい食べ物で人気を呼んだ店もある。

食器までもが

もっとも驚いたのは盛付と食器の多様化である。

中国人は食物に対し、どうやら「歴史」や「伝統」よりも、美味しさと新しさに強い関心を持っているようだ。食材や調理法ばかりでなく、料理の盛付にも、食器にもたえず新しさが求められている。

中華料理といえば、以前、料理を一斉にテーブルに並べられる、というイメージがあったが、いまはフランス料理のように、一品ずつ出すようになった。客の要求次第では、一人ずつ分けて出すサービスも行われている。客の注文方法にも変化があった。フルコースを頼む人はほとんどなく、アラカルトが主流になっている。

盛付はかつて料理をどさりと皿に入れるだけであったが、いまは少量に盛付したり、殻を飾りとして添えたり、あるいは形を揃えてきれいに並べたりするような方法が用いられている。いずれも日本料理やフランス料理の盛付を連想させるものである。料理人たちが真似をしたという意識は必ずしもなかったのかもしれない。外国料理の写真や実物を見てヒントをえたのであろう。
もっとも興味を引くのは食器の多様化である。筆者の幼い頃から一九八〇年代にいたるまで、食物を盛る皿といえば、一律に丸いものであった。たまには楕円形のものもあったが、ほかの形は見たことはない。

ところが、いまでは正方形のものから、長方形、楕円形、波打ち形、魚形、花形など、さまざまな形の皿が用いられ、中には独特の造形のものもある。宋や明の時代に各種の形をした食器があったが、近代に入って、とりわけ社会主義の時代になると、実用性ばかりが重視されるようになり、皿の形は単一化した。食器のデザインが豊かになったのは二〇〇〇年以降のことだが、日本の食器の多彩さが大きな刺激になったのであろう。

食習慣やマナーにも一連の変化があった。ひと昔まえ、食事に招待する側は食べきれないほどの品数を注文し、食べ残しが多いほどメンツが立つと思われていた。ところが、いまは食べる量に応じて注文し、多めに注文した場合、給仕の人が「もう充分に足りると思いますが」とやんわりと止めることもある。食べ残しがあれば、パックして持ち帰るのが新しい作法になっている。

変わり続けてゆく中華料理

遠い親戚の一人が上海の目抜き通りに面したレストランの管理職をしている。上海に行くたびに利用しているが、そのつどメニューが変わっている。一年前に食べた料理を注文しようとしても、もうない、と言われることが多い。理由を聞いたら、前の料理人はもう転職していないからだという。何でも上海の料理人の転職が多く、とくに有名なシェフの引き抜きが盛んに行われているそうだ。経営者としては困らないかと聞くと、料理人の流動はむしろいいことだという意外な答えが返ってきた。同じメニューが続くと、客が飽きてしまい、足が遠のいてしまう。反対に、出された料理が変化に富んだほうが店の評判が上がるらしい。そういえば、香港も同じである。筆者はいっとき毎年のように香港に行っていたが、店名が変わったり、オーナーチェンジしたりしたところが多い。料理人も変わるせいか、そのたびにメニューが入れ替わる。飲茶レストランも例外ではない。

むろん百年の老舗など、「長い伝統」を看板にする料理店もないわけではない。しかし、成功例はどうやら限られている。北京ダックといえば、「全聚徳」という料理屋がある。かつては事前に予約しないと、席が取れないほど繁盛していたが、いまはひと昔前には想像もできないほど落ちぶれている。そのかわり、新興の「大董烤鴨店」のほうが大人気だ。この店は北京ダックの脂肪分を取り除き、脂っこくないことを売り物にしている。柔らかい肉質とパリッと焼けた皮の風味にこだわり、かつてない食感を出している。さらに店の内装も思い切って現代風のものにした。そうした努力が功を奏して、いまや連日満員御礼の大盛況である。

「全聚徳」は昔の味を守り続けたのに、客はかえって逃げてしまったのは象徴的な出来事だ。時代の変化についていけない料理店は早晩、消費者にそっぽを向かれてしまうのだ。脂肪の多い料理は貧困の時代こそ御馳走であったが、いまは不健康の代名詞になってしまった。時代にふさわしい対応を取られなければ、老舗とはいえ、淘汰される運命を免れない。

料理の移り変わりを仔細に検証すると、必ずそれなりの理由がある。変化は起こるべくして起きたのだ。

エピローグ

歴史は不思議なもので、もし明王朝が都を南京から北京に移さなければ、あるいは満州族の支配がなかったら、中華料理は現在と大きくちがっていたかもしれない。南方系を代表した明の皇室が十四世紀に長江下流地域の食習慣を北方に持ち込み、南北の食文化の融合を促した。十七世紀になると、清王朝の成立がまた数多くの満州族の料理を文化の中心に定着させた。「満漢全席」ということばに象徴されるように、中華料理のもっとも大きな特徴はその雑種性にある。

中国では地域と地域のあいだの差異があまりにも大きいから、庶民にとって「中華料理」とはつねにある地域の料理のことしか意味しない。出身地がちがえば、互いにカルチャー・ショックを覚えるほど食生活が異なる。北と南、沿海部と内陸部では、主食も副食品もさまざまである。同じ米でも外見や味がちがう。豆腐の種類さえ地方によって多種多様である。近代文学者である梁実秋は南方のナスと北方のナスは大きさも水分もちがうから、同じ調理法ではうまくいかない、と言ったことがある。何もナスにかぎったことではない。野菜は栽培地が変われば、食べ方も変わる。

料理だけでなく、食習慣や儀礼食も地域によってばらばらである。しかも、歴史のなかで大きく変容を遂げている。たとえば長江下流域では豆腐は葬式の儀礼食で、客を招待するときにけっして出してはいけない。だが、ほかの地域ではそのような習慣はない。客をもてなす料理として豆腐を宴席に出す地方もある。

そもそも「伝統料理」とは何かは、大きな問題である。「伝統」は歴史の長さで計れない以上、「伝統」という言葉の使用は慎むべきかもしれない。ただ、かりに西洋に出会うまえの、清末の料理が伝統を受け継いだものだとすれば、今日において「伝統」の味に近いのは大陸の料理ではなく、香港や台湾の方である。中華人民共和国の成立は中華料理に計り知れない影響を及ぼした。とりわけ高級料理の領域では変容が激しい。

一九四九年以降、いわゆる珍味は誰も口にしなくなった。たとえ金持ちであっても手に入らない。とりわけ六〇年代以降、ツバメの巣、熊の手、フカヒレなどの珍味は民間の食卓や、レストランのメニューからも完全に消えてしまった。中華料理のおもな調理法が変わったわけではない。しかし、食材の範囲が大きく狭まった。大陸でツバメの巣やフカヒレが食卓にもどったのは経済開放の後である。かりに一九四九年に香港と台湾が中華人民共和国の版図に入っていたなら、高級料理は根拠地を失ったのであろう。したがって、大陸では経済開放後のような、香港料理の北進もありえなかったにちがいない。共産党と国民党の政争は皮肉にも料理の分布図に影を投げかけた。庶民の意志にかかわらず、政治はかつて食文化を大きく左右した。

将来、中華料理はどこへいくのか。政局よりも予測しにくい。ただ、ファーストフード、外国料理が進出するなか、中華料理はこれまで以上に変化していくことはまちがいない。

引用文献

プロローグ

張勁松・謝基賢『飲食習俗』、遼寧大学出版社、一九八八年。
周達生『中国の食文化』、創元社、一九八九年。
李璠編著『中国栽培植物発展史』、科学出版社、一九八三年。
閔宗殿・紀曙春『中国農業文明史話』、中国広播電視出版社、一九九一年。

第一章

高田真治訳注『詩経』、集英社、一九六六年。
竹内照夫訳注『礼記』(下)、明治書院、一九七七年。
遠藤哲夫訳『管子』、明治書院、一九九二年。
宋鎮豪『中国春秋戦国習俗史』、人民出版社、一九九四年。

第二章

篠田統『中国食物史』、柴田書店、一九七四年。
閔宗殿ほか編『中国農業文明史話』、中国広播電視出版社、一九九一年。

李長年『農業史話』、上海科学技術出版社、一九八一年。

洛陽区考古発掘隊『洛陽焼溝漢墓』、科学出版社、一九五九年。

河南省文化局文物工作隊「河南泌陽板橋古墓及古井的発掘」『考古学報』一九五八年。

何介鈞・張維明編著、田村正敬・福宿孝夫訳『馬王堆漢墓のすべて』、中国書店、一九九二年。

第三章

万陵「説発麵」、『烹飪史話』、中国商業出版社、一九八六年。

西山武一・熊代幸雄『校訂訳注　斉民要術』、アジア経済出版会、一九六九年。

小町谷照彦『拾遺和歌集』、新日本古典文学大系、岩波書店、一九九〇年。

呂一飛『胡族習俗と隋唐風韻』、書目出版社、一九九四年。

第四章

熊代幸雄「東アジア犂耕文化の形成」『校訂訳注　斉民要術』、アジア経済出版会、一九六九年。

中国社会科学院考古研究所編、中村慎一ほか訳『中国考古学の新発見』、雄山閣出版、一九九〇年。

横田禎昭『中国古代の東西文化交流』、雄山閣出版、一九八三年。

大野峻訳注『国語』下、新釈漢文大系第六七巻、明治書院、一九七八年。

小川環樹・今鷹真・福島吉彦訳『史記列伝』二、岩波書店、一九七五年。

竹内照夫訳注、『礼記』(上)、明治書院、一九七一年。

ガスパール・ダ・クルス著、日埜博司訳『十六世紀華南事物誌』、明石書店、一九八七年。

今村与志雄訳注『酉陽雑俎』三、東洋文庫三九七、平凡社、一九八一年。

長澤和俊『シルクロード博物誌』、青土社、一九八七年。

向達『唐代長安と西域文明』、生活・読書・新知三聯書店、一九五七年。

古賀登「唐代における胡食の流行とその影響」『東洋学術研究』第八巻第四号、一九七〇年。

呂一飛『胡族習俗と隋唐風韻』、書目出版社、一九九四年。

護雅夫「長安を中心とする東西文化の交流」『東洋学術研究』第八巻第四号、一九七〇年。

邱龐同「『饆饠』小考」『烹飪史話』、中国商業出版社、一九八六年。

足田輝一『シルクロードからの博物誌』、朝日新聞社、一九九三年。

中村喬編訳『中国の食譜』、平凡社、一九九五年。

第五章

孟元老著・入矢義高・梅原郁訳注『東京夢華録』、平凡社、一九九六年。

横田禎昭『中国古代の東西文化交流』、雄山閣出版、一九八三年。

熊代幸雄「東アジア犂耕文化の形成」『校訂訳注　斉民要術』、アジア経済出版会、一九六九年。

加茂儀一『家畜の文化史』、法政大学出版局、一九七三年。

張碧波・董国尭主編『中国古代北方民族文化史　民族文化巻』、黒竜江人民出版社、一九九三年。

中村喬編訳『中国の食譜』、平凡社、一九九五年。

王学太『中国人的飲食世界』、中華書局（香港）、一九八九年。

第六章

沈従文『中国古代服飾研究』、商務印書館香港分館、一九八一年。

ガスパール・ダ・クルス著、日埜博司訳『十六世紀華南事物誌』、明石書店、一九八七年。

史衛民『元代社会生活史』、中国社会科学出版社、一九九六年。

マルコ・ポーロ著、愛宕松男訳『東方見聞録』一、平凡社、一九七〇年。

沈括著、梅原郁訳『夢渓筆談』一、平凡社、一九七八年。

中村喬編訳『中国の食譜』、平凡社、一九九五年。

第七章

ガスパール・ダ・クルス著、日埜博司訳『十六世紀華南事物誌』、明石書店、一九八七年。

岳慶平『中国民国習俗史』、人民出版社、一九九四年。

周達生『中国の食文化』、創元社、一九八九年。

グスタフ・クライトナー著、大林大良監修、小谷裕幸・森田明訳『東洋紀行』（2）、（3）、平凡社、一九九二年、一九九三年。

佟屏亜ほか編著『畜禽史話』、学術書刊出版社、一九九〇年。

あとがき

中国人はいつからフカヒレを食べ始めたのか。秦の始皇帝はラーメンを口にしたことがあるのだろうか。ピータンはいつ頃食卓に上り、唐の玄宗のメニューに春巻はあったのか。それらのことについて、中国人でもふだん考えたことはないであろう。また、かりに疑問に思っても答えられる人はまずいない。中国の食文化の研究家といえども、知らないことが多い。筆者はまえからそうした問題に関心を持っていたが、今回、史料を調べるうちに、意外な事実が次々と出てきて、驚いたことが少なくない。

この本は料理の文化史と名付けられており、各章にさらに時代を示す副題がついている。しかし、だからといって、料理史の細部まですべて網羅したわけではない。紙幅の制限もあるし、筆者としては必ずしも歴代の食生活を平面的に叙述したいとは思わなかった。むしろ食文化に大きな変化が起きた時代に注目し、変化の背後に何があったかを究明するのが目的である。その意味で、論じているのはまさに「文化史」であって、ただの料理史ではない。

かといって現象としての料理の歴史についての叙述をおろそかにしたわけではない。

料理それ自体に興味がある方々にもわかりやすく読んでいただけるよう、心がけたつもりである。各章はある程度独立しているので、必ずしも冒頭から順を追って読む必要はない。興味のある章節からの拾い読みが可能な構成になっている。

本書で、「中国料理」ではなく、「中華料理」ということばを使ったのは、料理そのものがすでに国境を越えたからである。事実、日本の中華もアメリカの中華ももはや中国の料理とは言えないかもしれない。

第四章第1節は別の題名で『新潮45』一九九六年三月号に掲載された。本書への再録にあたって、新潮社からご快諾をいただいた。なお、再録の際、内容の一部について手直しをした。それ以外の章節はすべて今回の書き下ろしである。

筑摩書房の井崎正敏氏からご依頼を受けたのは三年まえのことである。こちらの都合でずるずると延びたにもかかわらず、辛抱強く待ち続けてくださった。草稿ができてから、章ごとに朱を入れていただき、初校と再校のときも丁寧に読んでくださり、貴重なご教示をいただいた。この場を借りて厚く御礼申し上げる。

一九九七年七月二十三日

張　競

文庫版あとがき

エリック・ホブズボウムとテレンス・レンジャー編『創られた伝統』の英語版は一九八三年に刊行されたが、日本語訳が出版されたのは九年後の一九九二年六月である。本書がちくま新書の一冊として上梓されたのは一九九七年九月だから、はた目にはホブズボウムの顰《ひそみ》に倣《なら》った二番煎じに見えたのかもしれない。

ところが、本書の発想はホブズボウムから得たものではない。ましてやその説を補強するために、中国の食文化を例にするつもりはさらさらない。そう弁明するのも、何も自説のオリジナリティを誇示しようとするためではない。むしろ本書はそれほど深遠な哲学的見解に裏打ちされたものではないと言明したい。じっさい本書の構想をはじめて担当編集者に打ち明けたとき、筆者はまだ『創られた伝統』を読んでいなかった。編集者に執筆の計画を聞かれたので、長いあいだずっと気になっていたことを口にしたのがきっかけであった。

わたしの執筆動機はきわめて即物的で、経験主義的なものであった。時代小説を読んだり、歴史テレビドラマを見たりすると、古代の人も中世の人も近世の人も現代人と同じものを食べていたのに疑問を感じた。映画やテレビドラマの場合、監督は服装については極力、時代的特色を出そうとしているのに、食物についてはなぜか無頓着である。もっとも、古代人が何を食べていたかはきわめて瑣末な問題で、読者や視聴者もさほど関心がなかったのかもしれない。

日本に来て目にした「四千年の歴史を持つ中華料理」という宣伝文句はわたしの好奇心を一層増幅させた。その頃、ちょうど大学院で勉強しており、論文執筆のために古い文献を調べていた。時系列に沿って史料を読んでいると、新しい事実に次々と出会い、自明のことは自明でないことがわかるようになった。興味本位で資料集めを始めたが、いつの間にか収集した材料はかなりの量になった。いま振り返って見ると、もし日本に来なければ、本書を書くこともなかったのであろう、と思う。異文化のなかにいて、かえって出身地の文化を相対化し、距離を置いて客観的に観察することができた。

佐々木幹郎氏に解説を書いていただけたのは望外の喜びであった。食文化は世俗性にまみれた世界で、詩人の反射神経に果たしてどのような刺激を与えるのかは、筆者にとっては興味深いところだ。むろん詩人とはいえ、一般に想像されるように、つねに不機嫌で食欲がないわけではない。それどころか、わたしの知っている佐々木幹郎氏は食物のことに詳しく、ときには自ら調理もするほどの美食家である。現に二十年まえに佐々木幹郎氏や鷲田清一氏や村松伸氏と一緒に上海の街を「考察」したとき、詩人の鋭い味覚と驚異的な料理批評に度肝を抜かれた。

そうした経緯もあって、文庫版解説について相談があったとき、わたしの脳裏にまず浮かび上がったのは佐々木幹郎氏であった。だめもとで打診したが、二つ返事でお引き受けいただいた。後でわかったのだが、佐々木幹郎氏は昨年末に体調を崩し、大手術を受けたばかりであった。わたしは迂闊にもそのことを知らなかった。壮絶な闘病のご様子を知ったとき、申し訳なく思ったと同時に氏の厚い友情に心を打たれた。この場を借りて厚く御礼申し上げる。

本書が刊行されてから、十六年の歳月が過ぎてしまった。「四千年」と比べて、ほんの一瞬であったが、その間にも中華料理には大きな変化があった。そのあたりのことについては、文庫版の刊行を機会に加筆し、第七章の末尾に追加した。

本書が文庫化されるにあたって、筑摩書房の伊藤大五郎さんにたいへんお世話になった。記して御礼申し上げる。

二〇一三年四月三十日

張　競

解説　一炊の夢から醒めて

佐々木幹郎

唐時代の伝奇小説『枕中記《ちんちゅうき》』に「邯鄲《かんたん》の枕」がある。「邯鄲の夢」とも、「一炊の夢」、「黄粱《こうりょう》の夢」とも呼ばれている。

作者の沈既済《しんきせい》は八世紀後半の人と言われているから、「邯鄲の枕」はその頃の物語だろう。主人公の盧生《ろせい》が、趙の都の邯鄲の茶店で一人の道士に出会い、陶器の枕を借りて昼寝をした。夢のなかで彼は波瀾万丈の人生を体験し、最後は一国の王になるまで立身出世をして一生を終えたが、目覚めると眠る前に火にかけておいた黄粱飯がまだ炊きあがっていない、わずかな時間のことであった。栄枯盛衰というのは、なんという儚《はかな》いことであろうか、という物語である。日本でもよく知られている物語で、能にも小説にも落語にも使われている。

ところで、わたしはこの話を思い出すたびに、茶店で炊いていたという「黄粱飯」が気になっていた。「黄粱飯」とは粟粥のことだという。それは当時の貧しい食べ物であるのか、それとも上等な食べ物であるのか、よくわからなかった。茶店で供されるのであるから一般的な食べ物であっただろうが、それは美味しかったのか。何を使って食べたのか。箸だろうか、匙だろうか。

食べ物ほど文化の違いを教えてくれるものはない。日本でも地域ごとに食べ物の文化は異なるし、時代ごとに食べ方も調味料も料理法も変わる。異国の場合はさらにその手がかりを得るのに難渋する。日常生活の食文化のディテールが読み取れないことが多い。

本書によると、中国での「粱」はもともと「上等な粟」のことを言い、後に「高級な食糧」の意味を持つようになったという。

「邯鄲の枕」の舞台は、中華文化発祥の地である黄河中流から下流域の「中原」にあって、現在の河北省邯鄲市である。

孔子（紀元前五五一年〜紀元前四七九年）が生きていた頃、「中原地域では米がぜいたくな食べ物で、豆は貧しい人々の食糧であった。（中略）黍（モチキビ）はもっともよい食糧だから、上流階級に好まれていたようだ。かつて高級官吏であった孔子もおそらく粟かモチキビの飯を主食にしていた。たまには米を食べていたかもしれないが、米が主食になることはありえない」と著者は述べている。

それが唐時代になって中原に米が普及した後も、粟は「黄粱」と書き記されたのだから、やはり上等な食べ物のひとつだったのだろう。そして、本書の「粟が主食」の項によると、古代の炊飯器具から推察して、「粟、黍は現在の米の炊き方ではおいしくない」ので「おそらく煮てからさらにせいろで蒸したのだろう」という。その調理法は、つい最近まで一部の地域では米の炊飯においても続いていたというから、粟・黍を煮てから蒸す文化は、かなり根強く一般化されていたらしい。

つまり、「邯鄲の枕」で主人公盧生が夢見ている間、炊き上げられていた「黄粱飯」は、粟粥と言っても、粟を水で煮るだけではなく、煮てからせいろで蒸していた、というわけだ。茶店では、せいろを通して美味しい匂いが広がっていただろう。

人々はこれを箸で食べたのではない。唐時代には「飯を食べるときも、箸ではなく、匙が使われていた」。箸はスープの中身を採るときに使われるものであった。

こういうふうにひとつの伝奇小説に登場する食べ物と食べ方に関するディテールを追いかけていくと、徐々に物語のなかの人間が立体的に浮かび上がってくるように思う。不思議なことだ。わたしたちは食べ物について記されている文章を読むと、いかに時代が離れていようとも、味覚と嗅覚と触覚については変わりがないから、自らの体験を通して、当時の人間の生活に触れることができる。

本書の著者張競は、わたしの知る限り最も優れた中国と日本を対象にした比較文化学の先鋭であって、その守備範囲はたんにアカデミックな文献上のことだけではない。フィールドワークを通して両国の生活文化の差異を浮き上がらせ、そこでの異文化コミュニケーションのあり方を説く。その着眼点の豊富さと思考方法において、右に出る者はいない。何よりもフットワークがいい。わたしは二度、彼と一緒に経済開放直後の上海の都市調査を行ったことがあった。本書でも一九九四年八月、彼が九年半ぶりに上海に戻ったときのことが書かれている。「一行にはほかに数人の日本人がいた」とあるが、その一人がわたしだった。というよりもこの調査団の一員に参加するよう著者を誘ったのがわたしだった。彼の『恋の中国文明史』(一九九三年)を読んだことがきっかけだった。「恋愛」をめぐって中国がどのような表現の歴史をたどってきたかを鋭く考察したこの本は、中国はもとより日本でもそれまで類例がなかった。なによりも、彼が中国にいたらこのテーマで論文を書くことはできなかっただろう。恋愛を対象にするだけで、中国では(過去においても現在においても)学者失格の烙印を押されてしまうからだ。明代の恋愛小説『金瓶梅《きんぺいばい》』を読むのも、日本に来て初めて可能になったと、彼から聞いたことがある。

ところで、一九九四年の張競のことである。上海のレストランの席に坐った彼が、メニューを見るたびに驚いていたことを覚えている。本書ではこのときのことが、「レストランに入り、現地人の顔でメニューを開けてみて愕然とした。メニューが読めない」と書かれている。経済開放政策が実施されて以降、大陸に香港料理が大量に入ってきて、新しいメニューが増え、かつての定番メニューが消えていた。漢字を読んでもそれがどんな料理か想像できない。つまり日本人が見慣れない漢字で造語されたメニューやカタカナのメニューを見て、発音はできるが読めない（想像できない）のと同じ状態だったのだ。わたしはこのときの著者の驚きようを見て、経済開放以降の中国の変貌の凄まじさを最もリアルに知ったのだった。香港料理のレストランはたいてい「潮州料理」と銘打っていた。広東料理が香港に入り、そこで開発された新しい料理の数々は「潮州料理」と呼ばれていた。

日本には「上海料理」と銘打った店はたくさんあるが、中国に「上海料理」と定義されるものはないということを著者から教わったのも、このときの上海調査においてであった。実際、そんな看板を掲げている店は上海にはどこにもなかった。上海にも上海独特の料理はあるが、その調味料は江蘇省の「揚州料理」が基本になっているという。

旅をしながら、その土地の料理についての知識を得るのは、その国の歴史を旅することと同じである。とりわけそこで育ち、実際に料理をしている人の話からは、異文化の神髄へ一挙に入り込むことができる。現在の中国の男たちは、誰もが家庭で料理を担当している。夫婦ともに働いていることが多いからだ。学者である張競もそうであるから、わたしは彼と一緒の旅では、たえず彼に教えを乞うていた。たとえば、豆腐料理のことである。本書のエピローグで少しだけ触れられている豆腐料理の話がある。「長江下流域では豆腐は葬式の儀礼食で、客を招待するときけっして出してはいけない。だが、ほかの地域ではそのような習慣はない」とある。

このことを知ったのは、彼と一緒に上海の火葬場を調査したときだった。葬儀を終えた人たちが集まって食事をしているレストランでは、どの食卓でも豆腐料理が満載だった。どうして豆腐を？　と著者に質問したとき、これは上海ではあたりまえのことです、と言われたことを思い出す。そして、そこからわたしたち一行の話題は、日本のヤクザ社会では、監獄から出所してきた同僚をもてなすときの料理は豆腐だと決められている、などというふうに話が進み、さてこの豆腐料理の文化は長江下流域から東シナ海を渡って日本へ届いたとき、どのような理由で、いつ頃日本式に変化したのか。精進料理としての豆腐という枠組み以外の何かの文化がここにはある、と気づいたりしたのだった。

本書で著者は「日本料理と中華料理の大きな違いは二つある」と言い、ひとつは「日本では魚をのぞいて動物の形を残さないように調理する」が中国では動物の原形を残す。また、日本では「家畜の頭、足、内臓は正式の料理にも家庭料理にも使わない」が、中国では使うということを述べている。その理由を、日本と中国の祭祀のしきたりの違いに求めている。確かに日本人は、動物の姿焼きや姿煮を拒否しているのに、魚だけは原形のまま（たとえば鯛の尾頭付きを）仏や神々の祭壇に捧げる。「祭祀が終われば供え物が祭る人々の食べ物になるのはごく当たりまえのことである」。沖縄では豚の頭や足が市場に並んでいてギョッとさせられるが、これは沖縄料理がいかに中華料理の影響を受けているかの証明だろう。その土地の神が食べる料理は人間も食べる、という著者の指摘は食文化の根底を言い当てている。

食卓の上に並べられる箸は、日本では横向きに置かれるが中国や韓国では縦向きに置かれる。このこともその土地に旅すれば誰もが気づく食文化の違いなのだが、その土地を離れると誰もが、なぜそうなのかという疑問を忘れる。しかし著者はその答えを敦煌の壁画や宋時代の絵図から追求している。かつての中国でも箸は横向きに置かれていたが、北方の騎馬民族が中原に入って王朝を打ち立てた時代から、ナイフを使って肉食をする彼らの風習が、ナイフと同じように箸を縦向きに置くことにつながり、元の時代に定着したと。なるほど、説得力がある。

「将来、中華料理はどこへ行くのか。政局より予測しにくい」というエピローグでの著者の言葉はユーモアたっぷりだ。中華料理は中国という一国の料理ではない。異文化コミュニケーションの粋を究めているのである。

本書は一九九七年九月、筑摩書房より刊行された。

ちくま文庫

中華料理《ちゅうかりょうり》の文化史《ぶんかし》

二〇一三年六月十日　第一刷発行

著　者　張競（ちょう・きょう）
発行者　熊沢敏之
発行所　株式会社　筑摩書房
東京都台東区蔵前二―五―三　〒一一一―八七五五
振替〇〇一六〇―八―四一二三
装幀者　安野光雅
印刷所　株式会社精興社
製本所　株式会社積信堂
乱丁・落丁本の場合は、左記宛にご送付下さい。
送料小社負担でお取り替えいたします。
ご注文・お問い合わせも左記へお願いします。
筑摩書房サービスセンター
埼玉県さいたま市北区櫛引町二―六〇四　〒三三一―八五〇七
電話番号　〇四八―六五一―〇〇五三

ISBN978-4-480-43069-4　C0177